knits 나를 위한 뜨개
pour moi

knits
나를 위한 뜨개
pour moi

김수민 글 | 이건국 그림

📖 동양북스

Prologue

뜨개질의 세계에 발을 들인 계기는 의외로 사소했습니다. 단순히 마음에 드는 모자를 찾지 못해 시작한 일이 제 삶에 놀라운 변화를 불러왔죠. 뜨개질은 육아와 타국 생활의 고민에서 잠시 벗어나 내면의 목소리에 귀 기울일 기회를 주었습니다. 바늘과 실을 통해 복잡한 일상에서 벗어나 온전히 나를 위한 시간을 가질 수 있었습니다.

저에게 뜨개질의 매력은 그 전 과정에 있습니다. 실과 디자인을 고르는 순간부터, 각기 다른 특징을 가진 코들을 만나는 순간, 그리고 그것들이 어우러져 만든 작품을 입어보는 순간까지요. 이 모든 과정은 우리가 결정하고, 선택하고, 만들어가는 여정입니다. 그 과정 자체가 즐거움이며, 뜨개는 우리가 스스로에게 선사하는 특별한 선물입니다.

이러한 뜨개질의 다양한 즐거움을 여러분과 나누고 싶어 이 책을 준비했습니다. 초보자부터 경험자까지, 모두를 위한 다양한 난이도의 작품들을 담았습니다. 가볍게 즐기고 싶을 때나 깊이 몰입하고 싶을 때, 그 순간의 기분에 따라 작품을 선택해 다양한 즐거움을 느낄 수 있을 거예요.

책에 수록된 제 작품들이 여러분 뜨개 여정에 다채로운 즐거움을 선사했으면 좋겠습니다. 뜨개질은 단순한 취미를 넘어 자신을 위한 특별한 시간이자 창의적 표현입니다. 이 책과 함께 여러분을 위한 특별한 뜨개 이야기를 만들어 가길 바랍니다.

Contents

마들렌 재킷
056
★

마들렌 스웨터
064
★

바질 스웨터
070
★★

루 카디건
082
★

엠마 스웨터
096
★★

로히에 서머 톱
110
★

난이도 표시

★ 초급　★★ 중급　★★★ 고급

★ 적은 기법, 구조적으로 간단한 작품　　★★ 배색뜨기 또는 꽈배기바늘을 사용하는 작품　　★★★ 스틱코 자르기 기법이 들어가는 작품

아만다 스웨터
118
★★

슈케트 스웨터
128
★

바게트 스웨터
140
★★

슈톨렌 카디건
156
★★★

슈톨렌 스웨터
172
★★★

KNITS
POUR
MOI

도안 수정 사항 안내 도안에서 수정 사항이 있을 경우 [동양북스 홈페이지-도서 자료실]에 오류 업데이트가 있을 예정입니다.
니트를 뜨다가 도안과 맞지 않아 의문점이 생길 경우 오류 업데이트가 되어 있지 않은지 체크바랍니다.
그외 궁금한 사항은 동양북스로 연락주시길 바랍니다.

Basile Sweater

Look book

룩북

Madeleine Jacket

마들렌 재킷

라인에 틈틈이 피어난 플라워 패턴의 러블리한 무드에
얇은 소재의 와이드 데님을 매치해 산뜻한 느낌을 더했다.

Pitting size ▸ 1

How to make ▸ 056p

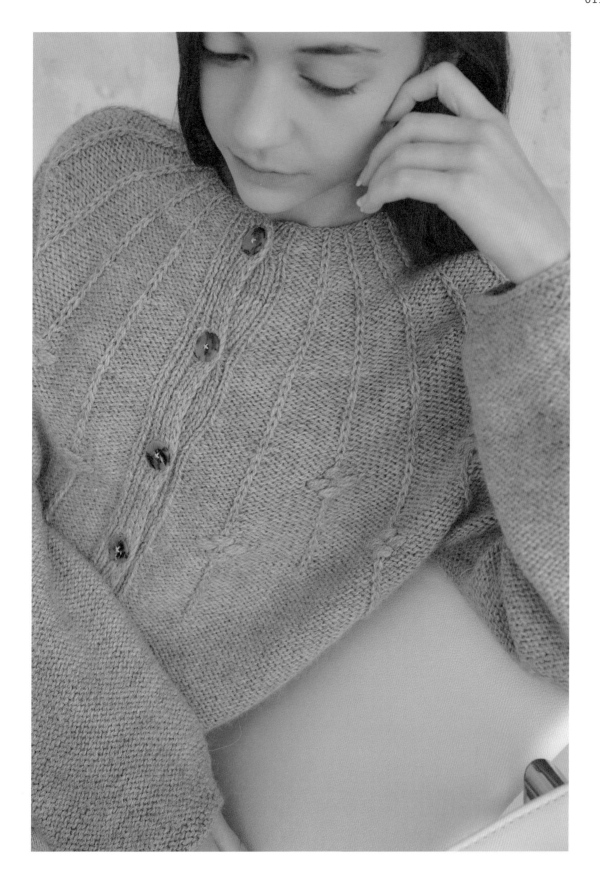

Madeleine Sweater

마들렌 스웨터

퓨어함이 돋보이는 아이보리 컬러의 마들렌 스웨터에 팝한 핑크 트위드 스커트를 매치해
따뜻하면서도 페미닌한 룩을 완성했다.

Pitting size ▸ 1

How to make ▸ 064p

Basile Sweater

바질 스웨터

보송한 양털 질감의 바질 스웨터와 유광 레더 팬츠와 화이트 팬츠를
매치하여 패턴이 강조되어 보이도록 했다.

Pitting size ▸ 1

How to make ▸ 070p

Lou Cardigan

루 카디건

후들후들한 캐시미어 소재의 루 카디건과 힘 있게 잡아주는 면 팬츠로
데일리룩과 오피스룩으로 모두 소화 가능한 스타일링을 연출했다.

Pitting size ▸ 1
How to make ▸ 082p

Emma Sweater

엠마 스웨터

스트라이프 패턴과 같은 색상인
화이트 팬츠로 모던한 스타일을 완성했다.

Pitting size ▸ 1

How to make ▸ 096p

Laurier Summer Top

로히에 서머 톱

로히에 서머 톱의 웨이브 네크라인과 포실포실 질감이 주는 사랑스러움에
실크 드레스를 매치해 여성스러움을 극대화했다.

Pitting size ▸ 1
How to make ▸ 110p

Amanda Sweater

아만다 스웨터

툭 떨어지는 새틴 스커트로 아만다 스웨터 특유의
아방한 볼륨을 강조했다.

Pitting size ▸ 1

How to make ▸ 118p

Chouquette Sweater

슈케트 스웨터

볼드한 고무단이 허리 라인을 슬림하게 잡아주는
슈케트 스웨터에 A라인 미니스커트를 매치해
사랑스럽고 다리가 길어 보이는 미니멀룩을 연출했다.

Pitting size ▸ 1

How to make ▸ 128p

Baguette Sweater

바게트 스웨터

부드러운 스웨이드 소재의 브라운 스커트로
아란 무늬 스웨터의 입체감을 돋보이게 연출했다.

Pitting size ▸ 1
How to make ▸ 140p

Christstollen Cardigan

슈톨렌 카디건

아이보리 바탕과 블루 눈송이 패턴에
연청 데님을 매치해 캐주얼한 느낌을 강조했다.

Pitting size ▸ 1M

How to make ▸ 156p

Christstollen Sweater

슈톨렌 스웨터

따뜻하고 포근한 블랭킷 같은 루즈 핏의 울 스커트를
슈톨렌 스웨터와 스타일링했다.

Pitting size ▸ 2M
How to make ▸ 172p

Laurier Summer Top

How to make

만드는 법

Madeleine Jacket

마들렌 재킷

프랑스 디저트 마들렌의 영감을 받아 디자인된 마들렌 재킷은 세로줄과 중간에 들어가는
꽃무늬가 우아한 느낌을 전해줍니다. 이 재킷은 겉면에 안뜨기가 오는 독특한 특징을 가지고 있으며,
사용된 실의 느낌과 재킷의 구조적인 디자인을 가져와 재킷이라 이름 붙였습니다.
마들렌 재킷은 요크부터 시작하여 톱다운 형식으로 제작되어 따로 이어붙일 필요가 없습니다.
버튼밴드와 몸통은 동시에 떠내려가며, 마지막에 버튼을 달아주면 완성됩니다.

준비하기

사이즈 1(2)3

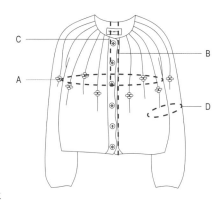

	A	B	C	D
1	104cm	48cm	24cm	30cm
2	120cm	48cm	26cm	35cm
3	130cm	52cm	27cm	42cm

게이지 20코 28단(4.5mm 대바늘, 10x10cm 메리야스 무늬) *세탁 후

바늘 4.5mm, 3.75mm(케이블 80cm, 장갑바늘 또는 숏팁)

실 4~4.5 mm 대바늘 사용 가능한 실
Lanivendole의 A stormy blend DK(220m/100g), Rosaspina 색상(Nougatbar knits 콜라보)
4(5)5볼/850(916)1144m

그 외 마커 2개, 자투리 실이나 여분의 케이블(줄바늘), 돗바늘, 단추(지름 20mm) 6(6)7개

요크

4.5mm 대바늘로 89(101)113코를 만들고 평면뜨기를 시작한다.

1단(겉면) 겉1, (겉1, 안1) 괄호 안 4번 반복, pm, 안2, (겉1, 안2) 괄호 안 23(27)31번 반복, pm, 안1, (겉1, 안1) 괄호 안 3번 반복, 겉2

2단(안면) Sl1wyf, (안1, 겉1) 괄호 안을 마커까지 반복, sm, 겉2, (안1, 겉2) 괄호 안을 마커까지 반복, sm, (겉1, 안1) 괄호 안 4번 반복, 안1

3단(겉면) Sl1wyb, (겉1, 안1) 괄호 안을 마커까지 반복, sm, 안2, (Sl1wyb, 안2) 괄호 안을 마커까지 반복, sm, 안1, (겉1, 안1) 괄호 안 3번 반복, 겉2

4단(안면) Sl1wyf, (안1, 겉1) 괄호 안을 마커까지 반복, sm, 겉2, (안1, 겉2) 괄호 안을 마커까지 반복, sm, (겉1, 안1) 괄호 안 4번 반복, 안1

5~6단 3~4단 반복

단춧구멍 7단(겉면) Sl1wyb, (겉1, 안1) 괄호 안을 마커까지 반복, sm, 안2, (Sl1wyb, 안2) 괄호 안을 마커까지 반복, sm, 안1, 겉1, 안1, 겉1, YO, K2tog, 안1, 겉2

*단춧구멍은 29, 51, 73, 95, 117단 또는 8.5cm마다 오른쪽 버튼밴드에 구멍을 낸다.

단춧구멍 단: Sl1wyb, (겉1, 안1) 괄호 안을 마커까지 반복, sm, 마커까지 무늬에 맞춰 뜨기, sm, 안1, 겉1, 안1, 겉1, YO, K2tog, 안1, 겉2

8단(안면) 4단 반복

늘림 1

1단(겉면) Sl1wyb, 8코 고무뜨기(겉뜨기 코는 겉, 안뜨기 코는 안), sm, 안2, M1RP, (Sl1wyb, M1LP, 안2) 괄호 안 11(13)15번 반복, (Sl1wyb, 안2, M1RP) 괄호 안 11(13)15번 반복, Sl1wyb, M1LP, 안2, sm, 8코 고무뜨기, 겉1

2단(안면) Sl1wyf, 8코 고무뜨기, sm, 겉3, (안1, 겉3) 괄호 안을 마커까지 반복, sm, 8코 고무뜨기, 안1

[24(28)32코 늘림, 총 113(129)145코]

경사뜨기 1

1단(겉면) Sl1wyb, 8코 고무뜨기, sm, 안3, (Sl1wyb, 안3) 괄호 안 18(21)24번 반복, 편물 뒤집기

2단(안면) 더블 스티치, 겉2, (안1, 겉3) 괄호 안 13(15)17번 반복, 편물 뒤집기

*더블 스티치 영상 가이드 참고

3단(겉면) 더블 스티치, 안2, Sl1wyb, (안3, Sl1wyb) 괄호 안을 더블 스티치 2코 전까지 반복, 안2, 안 더블 스티치, Sl1wyb, 안3, 편물 뒤집기

4단(안면) 더블 스티치, 겉2, 안1, (겉3, 안1) 괄호 안을 더블 스티치 2코 전까지 반복, 겉2, 겉 더블 스티치, 안1, 겉3, 편물 뒤집기

3~4단을 추가로 3(4)5번 뜬다(ex. 1 사이즈는 5~10단).

겉면 더블스티치, 안2, (Sl1wyb, 안3) 괄호 안을 더블스티치 3코 전까지 반복, Sl1wyb, 안2, 안 더블 스티치, Sl1wyb, 안3, sm, 8코 고무뜨기, 겉1

안면 Sl1wyf, 8코 고무뜨기, sm, (겉3, 안1) 괄호 안을 더블 스티치 2코 전까지 반복, 겉2, 겉 더블 스티치, 안1, 겉3, sm, 8코 고무뜨기, 안1

늘림 2

1단(겉면) Sl1wyb, 8코 고무뜨기, sm, 안3, M1RP, Sl1wyb, M1LP, (안3, M1RP, Sl1wyb,

M1LP) 괄호 안을 마커 3코 전까지 반복, 안3, sm, 8코 고무뜨기, 겉1

2단(안면) Sl1wyf, 8코 고무뜨기, sm, 겉4, 안1, (겉5, 안1) 괄호 안을 마커 4코 전까지 반복, 겉4, sm, 8코 고무뜨기, 안1

[46(54)62코 늘림, 총 159(183)207코]

1단(겉면) Sl1wyb, 8코 고무뜨기, sm, 안4, Sl1wyb, (안5, Sl1wyb) 괄호 안을 마커 4코 전까지 반복, 안4, sm, 8코 고무뜨기, 겉1

2단(안면) Sl1wyf, 8코 고무뜨기, sm, 겉4, 안1, (겉5, 안1) 괄호 안을 마커 4코 전까지 반복, 겉4, sm, 8코 고무뜨기, 안1

1~2단을 추가로 5(5)6번 뜬다(ex. 1 사이즈는 3~12단).

경사뜨기 2

1단(겉면) Sl1wyb, 8코 고무뜨기, sm, 마커까지 무늬에 맞춰 뜨기, sm, 안1, 편물 뒤집기

2단(안면) 더블 스티치, sm, 마커까지 무늬에 맞춰 뜨기, sm, 겉1, 편물 뒤집기

3단(겉면) 더블 스티치, sm, 마커까지 무늬에 맞춰 뜨기, sm, 안 더블 스티치, 7코 고무뜨기, 겉1

4단(안면) Sl1wyf, 8코 고무뜨기, sm, 마커까지 무늬에 맞춰 뜨기, sm, 겉 더블 스티치, 7코 고무뜨기, 안1

늘림 3

1단(겉면) Sl1wyb, 8코 고무뜨기, sm, 안4, M1RP, Sl1wyb, M1LP, (안5, M1RP, Sl1wyb, M1LP) 괄호 안을 마커 4코 전까지 반복, 안4, sm, 8코 고무뜨기, 겉1

2단(안면) Sl1wyf, 8코 고무뜨기, sm, 겉5, 안1, (겉7, 안1) 괄호 안을 마커 5코 전까지 반복, 겉5, sm, 8코 고무뜨기, 안1

[46(54)62코 늘림, 총 205(237)269코]

1단(겉면) Sl1wyb, 8코 고무뜨기, sm, 안5, Sl1wyb, (안7, Sl1wyb) 괄호 안을 마커 5코 전까지 반복, 안5, sm, 8코 고무뜨기, 겉1

2단(안면) Sl1wyf, 8코 고무뜨기, sm, 겉5, 안1 (겉7, 안1) 괄호 안을 마커 5코 전까지 반복, 겉5, sm, 8코 고무뜨기, 안1

3~10단 1~2단 4번 반복

경사뜨기 3

경사뜨기 2의 1~4단 반복

늘림 4

1단(겉면) Sl1wyb, 8코 고무뜨기, sm, 안5, M1RP, Sl1wyb, M1LP, (안7, M1RP, Sl1wyb, M1LP) 괄호 안을 마커 5코 전까지 반복, 안5, sm, 8코 고무뜨기, 겉1

2단(안면) Sl1wyf, 8코 고무뜨기, sm, 겉6, 안1, (겉9, 안1) 괄호 안을 마커 6코 전까지 반복, 겉6, sm, 8코 고무뜨기, 안1

[46(54)62코 늘림, 총 251(291)331코]

1단(겉면) Sl1wyb, 8코 고무뜨기, sm, 안6, Sl1wyb, (안9, Sl1wyb) 괄호 안을 마커 6코 전까지 반복, 안6, sm, 8코 고무뜨기, 겉1

2단(안면) Sl1wyf, 8코 고무뜨기, sm, 겉6, 안1, (겉9, 안1) 괄호 안을 마커 6코 전까지 반복, 겉6, sm, 8 코 고무뜨기, 안1

랩 스티치 1

1단(겉면) Sl1wyb, 8코 고무뜨기, sm, 안6, Sl1wyb, (안8, 랩 스티치 3, 안8, Sl1wyb) 괄호 안을 마커 6코 전까지 반복, 안6, sm, 8코 고무뜨기, 겉1

*랩 스티치 영상 가이드 참고

2단(안면) Sl1wyf, 8코 고무뜨기, sm, 겉6, 안1, (겉9, 안1) 괄호 안을 마커 6코 전까지 반복, 겉6, sm, 8 코 고무뜨기, 안1

3단(겉면) Sl1wyb, 8코 고무뜨기, sm, 안6, Sl1wyb, (안6, 랩 스티치 3, 겉1, 랩 스티치 3, 안6, Sl1wyb) 괄호 안을 마커 6코 전까지 반복, 안6, sm, 8코 고무뜨기, 겉1

4단(안면) 2단 반복

5~6단 1~2단 반복

경사뜨기 4

경사뜨기 2의 1~4단 반복

1단(겉면) Sl1wyb, 8코 고무뜨기, sm, 안6, Sl1wyb, (안9, Sl1wyb) 괄호 안을 마커 6코 전까지 반복, 안6, sm, 8코 고무뜨기, 겉1

2단(안면) Sl1wyf, 8코 고무뜨기, sm, 겉6, 안1, (겉9, 안1) 괄호 안을 마커 6코 전까지 반복, 겉6, sm, 8 코 고무뜨기, 안1

1~2단을 추가로 0(1)1번 뜬다.

늘림 5

1단(겉면) Sl1wyb, 8코 고무뜨기, sm, 안6, M1RP, Sl1wyb, M1LP, (안9, M1RP, Sl1wyb, M1LP) 괄호 안을 마커 6코 전까지 반복, 안6, sm, 8코 고무뜨기, 겉1

2단(안면) Sl1wyf, 8코 고무뜨기, sm, 겉7, 안1, (겉11, 안1) 괄호 안을 마커 7코 전까지 반복, 겉7, sm, 8코 고무뜨기, 안1

[46(54)62코 늘림, 총 297(345)393코]

1단(겉면) Sl1wyb, 8코 고무뜨기, sm, 안7, Sl1wyb, (안11, Sl1wyb) 괄호 안을 마커 7코 전까지 반복, 안7, sm, 8코 고무뜨기, 겉1

2단(안면) Sl1wyf, 8코 고무뜨기, sm, 겉7, 안1, (겉11, 안1) 괄호 안을 마커 7코 전까지 반복, 겉7, sm, 8코 고무뜨기, 안1

1~2단을 추가로 0(1)1번 뜬다.

랩 스티치 2

1단(겉면) Sl1wyb, 8코 고무뜨기, sm, 안6, 랩 스티치 3, (안10, Sl1wyb, 안10, 랩 스티치 3) 괄호 안을 마커 6코 전까지 반복, 안6, sm, 8코 고무뜨기, 겉1

2단(안면) Sl1wyf, 8코 고무뜨기, sm, 겉7, 안1, (겉11, 안1) 괄호 안을 마커 7코 전까지 반복, 겉7, sm, 8코 고무뜨기, 안1

3단(겉면) Sl1wyb, 8코 고무뜨기, sm, 안4, 랩 스티치 3, 겉1, 랩 스티치 3, (안8, Sl1wyb, 안8, 랩 스티치 3, 겉1, 랩 스티치 3) 괄호 안을 마커 4코 전까지 반복, 안4, sm, 8코 고무뜨기, 겉1

4단(안면) 2단 반복

5~6단 1~2단 반복

늘림 6

1단(겉면) Sl1wyb, 8코 고무뜨기, sm, 안7, M1RP, (Sl1wyb, M1LP, 안11) 괄호 안 11(13)15번 반복, (Sl1wyb, 안11, M1RP) 괄호 안 11(13)15번 반복, Sl1wyb, M1LP, 안7, sm, 8코 고무뜨기, 겉1

2단(안면) Sl1wyf, 8코 고무뜨기, sm, 겉8, 안1, (겉12, 안1) 괄호 안을 마커 8코 전까지 반복, 겉8, sm, 8코 고무뜨기, 안1

[24(28)32코 늘림, 총 321(373)425코]

경사뜨기 5

1단(겉면) Sl1wyb, 8코 고무뜨기, sm, 안8, Sl1wyb, (안25, Sl1wyb) 괄호 안을 마커 8코 전까지 반복, 안8, sm, 안1, 편물 뒤집기

2단(안면) 더블 스티치, sm, 마커까지 무늬에 맞춰 뜨기, sm, 겉1, 편물 뒤집기

3단(겉면) 더블 스티치, sm, 마커까지 무늬에 맞춰 뜨기, sm, 안 더블 스티치, 7코 고무뜨기, 겉1

4단(안면) Sl1wyf, 8코 고무뜨기, sm, 마커까지 무늬에 맞춰 뜨기, sm, 겉 더블 스티치, 7코 고무뜨기, 안1

사이즈 (2)3만

1단(겉면) Sl1wyb, 8코 고무뜨기, sm, 안8, Sl1wyb, (안25, Sl1wyb) 괄호 안을 마커 8코 전까지 반복, 안8, sm, 8코 고무뜨기, 겉1

2단(안면) Sl1wyf, 8코 고무뜨기, sm, 겉8, 안1, (겉25, 안1) 괄호 안을 마커 4코 전까지 반복, 겉8, sm, 8코 고무뜨기, 안1

1~2단을 추가로 (0)1번 뜬다.

몸통&소매 분리

겉면 Sl1wyb, 8코 고무뜨기, sm, 46(54)59코 무늬에 맞춰 뜨기, 56(66)81코 자투리 실이나 여분의 케이블에 옮기기(소매), 감아코 4, 99(115)127코 무늬에 맞춰 뜨기, 56(66)81코 자투리 실이나 여분의 케이블에 옮기기(소매), 감아코 4, 46(54)59코 무늬에 맞춰 뜨기, sm, 8코 고무뜨기, 겉1

[바늘에 329(381)433코가 걸려 있다.

몸통 217(249)271코, 소매 각 56(66)81코]

몸통

1단(안면) Sl1wyf, 8코 고무뜨기, sm, 마커까지 무늬에 맞춰 뜨기, sm, 8코 고무뜨기, 안1

2단(겉면) Sl1wyb, 8코 고무뜨기, sm, 마커까지 무늬에 맞춰 뜨기, sm, 8코 고무뜨기, 겉1

3단(안면) 1단 반복

2~3단을 추가로 1(2)1번 뜬다.

경사뜨기 6

경사뜨기 2의 1~4단 반복

1단(겉면) Sl1wyb, 8코 고무뜨기, sm, 마커까지 안, sm, 8코 고무뜨기, 겉1

2단(안면) Sl1wyf, 8코 고무뜨기, sm, 마커까지 겉, sm, 8코 고무뜨기, 안1

1~2단을 반복하여 겨드랑이 코 만든 곳부터 17(20)23cm 또는 원하는 길이에서 2cm 짧게 뜬다.

3.75 mm 대바늘을 이용해

1단(겉면)

사이즈 1만 Sl1wyb, 7코 고무뜨기, 겉1, rm, 겉1, K2tog, (겉3, K2tog) 괄호 안을 마커 1코 전까지 반복, 겉1, rm, 겉1, 7코 고무뜨기, 겉1

사이즈 (2)만 Sl1wyb, 7코 고무뜨기, 겉1, rm, K2tog, (겉3, K2tog) 괄호 안을 마커까지 반복, rm, 7코 고무뜨기, 겉1

사이즈 3만 Sl1wyb, 7코 고무뜨기, 겉1, rm, 겉1, K2tog, (겉3, K2tog) 괄호 안을 마커까지 반복, rm, 겉1, 7코 고무뜨기, 겉1

모든 사이즈

2단(안면) Sl1wyf, 7코 고무뜨기, 마지막 8코 전까지 겉, 7코 고무뜨기, 안1

3단(겉면) Sl1wyb, 7코 고무뜨기, 마지막 8코 전까지 겉, 7코 고무뜨기, 겉1

2~3단을 반복해 2cm가 되도록 뜬다.

모든 코를 덮어씌워 코 막음하고 실을 자른다.

소매

자투리 실에 옮겨뒀던 56(66)81코를 4.5mm 대바늘에 옮긴다. 편물의 겉면을 보고 겨드랑이 코 만든 곳 중간부터 2코 줍기, 56(66)81코 무늬에 맞춰 뜨기, 2코 줍기, 마커를 걸고 원형뜨기를 시작한다.

[바늘에 60(70)85코가 걸려 있다.]

사이즈 1, 3만

1~9단 sm, 마커까지 무늬에 맞춰 원형뜨기

사이즈 (2)만

1~11단 sm, 마커까지 무늬에 맞춰 원형뜨기

모든 사이즈

추가로 6(8)6단 무늬에 맞춰 원형뜨기

겨드랑이 코 만든 곳부터 37(38)39cm 또는 원하는 길이에서 2cm 짧게 안뜨기

3.75mm 대바늘로 변경해

사이즈 1만 sm, (안2, P2tog) 괄호 안을 마커까지 반복

사이즈 (2)3만 sm, (안2, P2tog) 괄호 안을 마커 (2)1코 전까지 반복, 마커 전까지 안

모든 사이즈

1단 sm, 마커까지 겉

2단 sm, 마커까지 안

1~2단을 반복해 2cm가 되도록 뜬다.

모든 코를 덮어씌워 코 막음하고 실을 자른다.

다른 한쪽 소매도 같은 방식으로 뜬다.

단추 달기

왼쪽 버튼밴드에 오른쪽 단춧구멍과 같은 위치에 단추를 달아 준다.

마무리

실을 정리하고 세탁한다.

Tip 무늬에 맞춰 뜨기(버튼밴드 제외)

평면뜨기 겉면 안뜨기 코는 안뜨기, 겉뜨기 코는 Sl1wyb

평면뜨기 안면 겉뜨기 코는 겉뜨기, 전 단에서 Sl1wyb한 코는 안뜨기

원형뜨기 안뜨기 코는 안뜨기, 겉뜨기 코는 Sl1wyb, Sl1wyb 코는 겉뜨기

감아코 겉면에서는 안뜨기, 안면에서는 겉뜨기

겨드랑이에서 주운 코 안뜨기

영상 가이드

더블 스티치   랩 스티치
(독일식 경사뜨기)

Madeleine Sweater
마들렌 스웨터

마들렌 재킷의 스웨터 버전입니다. 마들렌 스웨터는 목부터 시작하는
톱다운으로 몸통과 소매는 모두 원형으로 뜨며,
소매 길이를 조절하여 반소매나 긴소매로 선택하여 완성할 수 있습니다.
취향에 따라 여름 실로 반소매를 뜨고 겨울 실로 긴팔로 뜹니다.

준비하기

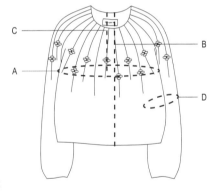

사이즈 1(2)3

	A	B	C	D
1	93cm	44cm	24cm	37cm
2	110cm	48cm	26cm	44cm
3	135cm	52cm	28cm	53cm

게이지 19코 29단(4.5mm 대바늘, 10x10cm 메리야스 무늬) *세탁 후

바늘 4.5mm, 3.75mm(케이블 40, 60, 80cm, 장갑바늘 또는 숏팁)

실 4~4.5 mm 대바늘 사용 가능한 실
Bouclelaine의 Monts d'Arrée DK(266m/100g), Blanc Naturel 색상
반소매 3(4)5볼/790(930)1180m
긴소매 4(5)6볼/1060(1180)1430m

그 외 마커 2개, 자투리 실이나 여분의 케이블(줄바늘), 돗바늘

요크

4.5mm 대바늘로 90(90)102코를 만들고 마커를 걸고 원형뜨기를 시작한다.

1단 (겉1, 안2) 괄호 안을 마커까지 반복

2단 sm, (겉1, 안2) 괄호 안을 마커까지 반복

3단 sm, (SI1wyb, 안2) 괄호 안을 마커까지 반복

4단 sm, (겉1, 안2) 괄호 안을 마커까지 반복

5~14단 3~4단 5번 반복

경사뜨기

1단(겉면) 30(30)33코 무늬에 맞춰 뜨기, 편물 뒤집기

2단(안면) 더블 스티치, 29(29)32코 무늬에 맞춰 뜨기, sm, 29(29)32코 무늬에 맞춰 뜨기, 편물 뒤집기 *더블 스티치 영상 가이드 참고

3단(겉면) 더블 스티치, 마커까지 무늬에 맞춰 뜨기, sm, 더블 스티치까지 무늬에 맞춰 뜨기, 안 더블 스티치, 3코 무늬에 맞춰 뜨기, 편물 뒤집기

4단(안면) 더블 스티치, 마커까지 무늬에 맞춰 뜨기, sm, 더블 스티치까지 무늬에 맞춰 뜨기, 겉 더블 스티치, 3코 무늬에 맞춰 뜨기, 편물 뒤집기

5~10단 3~4단 3번 반복

11단(겉면) 더블 스티치, 마커까지 무늬에 맞춰 뜨기

늘림 1

1단 sm, (SI1wyb, 안2) 괄호 안을 마커까지 반복(중간에 더블 스티치는 안 더블 스티치)

2단 sm, (겉1, M1LP, 안2) 괄호 안 15(15)17번 반복, (겉1, 안2, M1RP) 괄호 안 15(15)17번 반복

[30(30)34코 늘림, 총 120(120)136코]

1단 sm, (SI1wyb, 안3) 괄호 안을 마커까지 반복

2단 sm, (겉1, 안3) 괄호 안을 마커까지 반복

3~6단 1~2단 2번 반복

늘림 2

1단 sm, (SI1wyb, 안3) 괄호 안을 마커까지 반복

2단 sm, (겉1, M1LP, 안3, M1RP) 괄호 안을 마커까지 반복

[60(60)68코 늘림, 총 180(180)204코]

1단 sm, (SI1wyb, 안5) 괄호 안을 마커까지 반복

2단 sm, (겉1, 안5) 괄호 안을 마커까지 반복

1~2단을 추가로 5(2)2번 뜬다.

사이즈(2)3만 늘림 2-2

1단 sm, (SI1wyb, 안5) 괄호 안을 마커까지 반복

2단 sm, (겉1, M1LP, 안5, M1RP) 괄호 안을 마커까지 반복

[0(60)68코 늘림, 총 180(240)272코]

1단 sm, (SI1wyb, 안7) 괄호 안을 마커까지 반복

2단 sm, (겉1, 안7) 괄호 안을 마커까지 반복

3~8단 1~2단 3번 반복

모든 사이즈
늘림 3
1단 sm, [Sl1wyb, 안5(7)7] 괄호 안을 마커까지 반복
2단 sm, [겉1, M1LP, 안5(7)7, M1RP] 괄호 안을 마커까지 반복
[60(60)68코 늘림, 총 240(300)340코]

1단 sm, [Sl1wyb, 안7(9)9] 괄호 안을 마커까지 반복
2단 sm, [겉1, 안7(9)9] 괄호 안을 마커까지 반복
1~2단을 추가로 1(1)2번 뜬다.

랩 스티치 1
1단 sm, [Sl1wyb, 안6(8)8, 랩 스티치 3, 안6(8)8] 괄호 안을 마커까지 반복
*랩 스티치 영상 가이드 참고
2단 sm, [겉1, 안7(9)9] 괄호 안을 마커까지 반복
3단 sm, [Sl1wyb, 안4(6)6, 랩 스티치 3, 겉1, 랩 스티치 3, 안4(6)6] 괄호 안을 마커까지 반복
4단 2단 반복
5~6단 1~2단 반복

늘림 4
1단 sm, [Sl1wyb, 안7(9)9] 괄호 안을 마커까지 반복
2단 sm, [겉1, M1LP, 안7(9)9, M1RP] 괄호 안을 마커까지 반복
[60(60)68코 늘림, 총 300(360)408코]

1단 sm, [Sl1wyb, 안9(11)11] 괄호 안을 마커까지 반복
2단 cm, [겉1, 안9(11)11] 괄호 안을 마커까지 반복
3~8단 1~2단 3번 반복

랩 스티치 2
1단 rm, 실을 뒤에 두고 2코를 오른쪽 바늘로 옮기기(Sl2wyb), pm, [안8(10)10, Sl1wyb, 안8(10)10, 랩 스티치 3] 괄호 안을 마커까지 반복
2단 sm, 안8(10)10, [겉1, 안9(11)11] 괄호 안을 마커 2코 전까지 반복
3단 pm, 겉1, 랩 스티치 3 그리고 rm, 안6(8)8, Sl1wyb, 안6(8)8, 랩 스티치 3, [겉1, 랩 스티치 3, 안6(8)8, Sl1wyb, 안6(8)8, 랩 스티치 3] 괄호 안을 마커까지 반복
4단 sm, [겉1, 안9(11)11] 괄호 안을 마커까지 반복
5~6단 1~2단 반복
7단 pm, Sl1wyb, 안2, rm, 안7(9)9, [Sl1wyb, 안9(11)11] 괄호 안을 마커까지 반복
8단 sm, [겉1, 안9(11)11] 괄호 안을 마커까지 반복

사이즈 3만 늘림 4-2

1단 sm, (Sl1wyb, 안11) 괄호 안을 마커까지 반복

2단 sm, (겉1, M1LP, 안11) 괄호 안 17번 반복, (겉1, 안11, M1RP) 괄호 안 17번 반복

[0(0)34코 늘림, 총 300(360)442코]

모든 사이즈

1단 sm, [Sl1wyb, 안19(23)25] 괄호 안을 마커까지 반복

2단 sm, [겉1, 안19(23)25] 괄호 안을 마커까지 반복

1~2단을 추가로 2(3)4번 뜬다.

몸통&소매 분리

sm, 42(50)62코 무늬에 맞춰 뜨기, 66(80)97코 자투리 실이나 여분의 케이블에 옮기기 (소매), 감아코 4, 84(100)124코 무늬에 맞춰 뜨기, 66(80)97코 자투리 실이나 여분의 케이블에 옮기기(소매), 감아코 4, 42(50)62코 무늬에 맞춰 뜨기

[바늘에 308(368)450코가 걸려 있다.

몸통 176(208)256코, 소매 각 66(80)97코]

몸통

9(7)7단 무늬에 맞춰 뜨기

겨드랑이 코 만든 곳부터 20(22)24cm 또는 원하는 길이보다 2cm 짧게 안뜨기

고무단

3.75mm 대바늘을 이용해

사이즈 1, 3만 sm, (안3, P2tog) 괄호 안 마커 1코 전까지 반복, 안1

사이즈 (2)만 sm, P2tog, (안3, P2tog) 괄호 안 마커 1코 전까지 반복, 안1

모든 사이즈

1단 sm, 마커까지 겉

2단 sm, 마커까지 안

1~2단을 반복해 2cm가 되도록 뜬다.

모든 코를 덮어씌워 코 막음하고 실을 자른다.

소매

자투리 실에 옮겨뒀던 66(80)97코를 4.5mm 대바늘에 옮긴다. 편물의 겉면을 보고 겨드랑이 코 만든 곳 중간부터 2코 줍기, 66(80)97코 무늬에 맞춰 뜨기, 2코 줍기, 마커를 걸고 원형뜨기를 시작한다.

[바늘에 70(84)101코가 걸려 있다.]

9(7) /단 무늬에 맞춰 뜨기

반소매만 0(2)4단 또는 원하는 길이에서 2cm 짧게 안뜨기

긴소매만 겨드랑이 코 만든 곳부터 37(38)39cm 또는 원하는 길이보다 2cm 짧게 안뜨기

고무단

3.75mm 대바늘을 이용해

사이즈 1만 sm, P2tog, (안2, P2tog) 괄호 안을 마커까지 반복

사이즈 (2)만 sm, (안2, P2tog) 괄호 안을 마커까지 반복

사이즈 3만 sm, (안2, P2tog) 괄호 안을 마커 1코 전까지 반복, 안1

모든 사이즈

1단 sm, 마커까지 겉

2단 sm, 마커까지 안

1~2단을 반복해 2cm가 되도록 뜬다.

모든 코를 덮어씌워 코 막음하고 실을 자른다.
다른 한쪽 소매도 같은 방식으로 뜬다.

마무리

실을 정리하고 세탁한다.

Tip 무늬에 맞춰 뜨기
겉면 안뜨기 코는 안뜨기, 겉뜨기 코는 Sl1wyb, Sl1wyb 코는 겉뜨기
안면 겉뜨기 코는 겉뜨기, 전 단에서 Sl1wyb한 코는 안뜨기, 안뜨기 코는 Sl1wyf

영상 가이드

더블 스티치
(독일식 경사뜨기)

랩 스티치

Basile Sweater

바질 스웨터

바질 스웨터는 전통적인 노르딕 패턴과 현대적인 감각이 어우러진
클래식한 디자인의 스웨터입니다. 몸 전체에 독일식 경사뜨기를 활용하여
앞과 뒤의 길이 차이를 만들어 우아한 느낌을 더했습니다.
칼라부터 시작하는 톱다운 방식으로 제작되었으며, 몸통 고무단을 제외하고는
모두 원형뜨기 기법을 사용한 배색뜨기 작품입니다.

준비하기

사이즈 1(2)3(4)

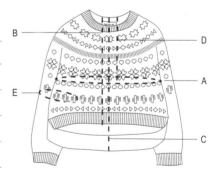

	A	B	C	D	E
1	110cm	41cm	53cm	29cm	35cm
2	120cm	47cm	59cm	29cm	40cm
3	130cm	50cm	62cm	33cm	45cm
4	150cm	50cm	62cm	33cm	50cm

게이지 28코 30단(3.5mm 대바늘, 10x10cm 메리야스 배색 무늬) *세탁 후

바늘 3.5mm, 3.25mm, 3mm(케이블 40, 80cm, 장갑바늘 또는 숏팁)

실 3~3.5mm 대바늘 사용 가능한 다섯 가지 색상 실
Biches&Bûches의 Le petit lambswool(248m/50g)
MC Grey brown 색상, 3(4)4(5)볼/650(850)950(1050)m
CC1 Blue grey 색상, 1(2)2(2)볼/240(300)350(400)m
CC2 Grey beige 색상, 1(2)2(2)볼/200(260)350(400)m
CC3 Soft gold 색상, 1(1)1(1)볼/130(150)(200)220m
CC4 Dark brown 색상, 1(1)1(1)볼/100(130)140(150)m

그 외 마커 2개, 자투리 실이나 여분의 케이블(줄바늘), 돗바늘

요크

MC 실과 3mm 대바늘을 이용해 112(140)140(140)코를 만들고 마커를 걸고 원형뜨기를 시작한다.

고무단 (겉1, 안1) 괄호 안을 마커까지 반복

고무단을 2.5cm 뜬다.

(4) 사이즈만 늘림단 MC

(겉5, M1R) 괄호 안을 마커까지 반복

[28코 늘림, 총 168코]

경사뜨기 MC

3.5mm 대바늘로 바꿔 앞목과 뒷목의 단차를 주기 위해 경사뜨기를 한다.

1단(겉면) sm, 겉37(47)47(55), 편물 돌리기

2단(안면) 더블 스티치, 마커까지 안, sm, 안37(47)47(55), 편물 돌리기

*더블 스티치 영상 가이드 참고

3단(겉면) 더블 스티치, 마커까지 겉, sm, 더블 스티치 전까지 겉, 겉 더블 스티치, 겉4, 편물 돌리기

4단(안면) 더블 스티치, 마커까지 안, sm, 더블 스티치 전까지 안, 안 더블 스티치, 안4, 편물 돌리기

5단(겉면) 더블 스티치, 마커까지 겉, sm, 더블 스티치 전까지 겉, 겉 더블 스티치, 겉4, 편물 돌리기

6단(안면) 더블 스티치, 마커까지 안, sm, 더블 스티치 전까지 안, 안 더블 스티치, 안4, 편물 돌리기

7단(겉면) 더블 스티치, 마커까지 겉

8단(겉면) sm, 마커까지 겉(중간에 더블 스티치는 겉 더블 스티치)

늘림단 MC

sm, (겉2, M1R) 괄호 안을 마커까지 반복

[56(70)70(84)코 늘림, 총 168(210)210(252)코]

sm, 마커까지 겉

배색뜨기 1

*주의: 배색 차트는 메리야스 무늬로 진행된다. 원형으로 뜨기 때문에 차트를 읽을 때 오른쪽에서 왼쪽으로 읽어야 한다. 또한 배색뜨기 시 평소보다 쫀쫀하게 떠진다면 바늘 사이즈를 키운다.

1~15단 sm, 마커까지 [차트 1]의 해당 단 반복

[차트 1]

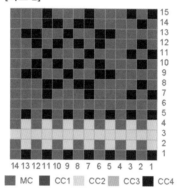

늘림단 MC

sm, (겉3, M1R) 괄호 안을 마커까지 반복
[56(70)70(84)코 늘림, 총 224(280)280(336)코]

배색뜨기 2

1~9단 sm, 마커까지 [차트 2]의 해당 단 반복

[차트 2]

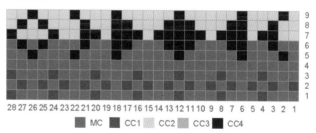

경사뜨기 CC2

1단 sm, 겉45(55)55(65), 편물 돌리기
2단 더블 스티치, 마커까지 안, sm, 안45(55)55(65), 편물 돌리기
3단 더블 스티치, 마커까지 겉, sm, 겉40(50)50(60), 편물 돌리기
4단 더블 스티치, 마커까지 안, sm, 안40(50)50(60), 편물 돌리기
5단 더블 스티치, 마커까지 겉
6단 sm, 마커까지 겉(중간에 더블 스티치는 겉 더블 스티치)

배색뜨기 3

1~4단 sm, 마커까지 [차트 3]의 해당 단 반복

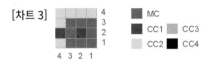

늘림단 CC2

sm, (겉4, M1R) 괄호 안을 마커까지 반복

[56(70)70(84)코 늘림, 총 280(350)350(420)코]

배색뜨기 4

1~7단 sm, 마커까지 [차트 4]의 해당 단 반복

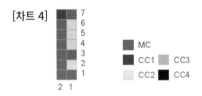

늘림단 MC

sm, (겉5, M1R) 괄호 안을 마커까지 반복

[56(70)70(84)코 늘림, 총 336(420)420(504)코]

경사뜨기 MC

1단 sm, 겉65(85)85(100), 편물 돌리기

2단 더블 스티치, 마커까지 안, sm, 안65(85)85(100), 편물 돌리기

3단 더블 스티치, 마커까지 겉, sm, 겉60(75)75(90), 편물 돌리기

4단 더블 스티치, 마커까지 안, sm, 안60(75)75(90), 편물 돌리기

5단 더블 스티치, 마커까지 겉

6단 sm, 마커까지 겉(중간에 더블 스티치는 겉 더블 스티치)

배색뜨기 5

1~11단 sm, 마커까지 [차트 5]의 해당 단 반복

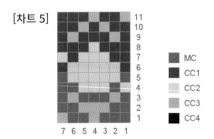

늘림단 CC1

sm, (겉6, M1R) 괄호 안을 마커까지 반복.

[56(70)70(84)코 늘림, 총 392(490)490(588)코]

경사뜨기 CC1

1단 sm, 겉75(95)95(115), 편물 돌리기

2단 더블 스티치, 마커까지 안, sm, 안75(95)95(115), 편물 돌리기

3단 더블 스티치, 마커까지 겉, sm, 겉70(85)85(100), 편물 돌리기

4단 더블 스티치, 마커까지 안, sm, 안70(85)85(100), 편물 돌리기

5단 더블 스티치, 마커까지 겉

6단 sm, 마커까지 겉(중간에 더블 스티치는 겉 더블 스티치)

배색뜨기 6

1~13단 sm, 마커까지 [차트 6]의 해당 단 반복

[차트 6]

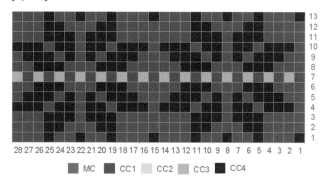

늘림단 CC1

1, 3 사이즈만

sm, (겉7, M1R) 괄호 안을 56(0)70(0)회 반복

(2) 사이즈만

sm, (겉35, M1R) 괄호 안을 0(14)0(0)회 반복

(4) 사이즈만

sm, (겉10, M1R, 겉11, M1R) 괄호 안을 0(0)0(28)회 반복

[56(14)70(56)코 늘림, 총 448(504)560(644)코]

경사뜨기 CC1

1단 sm, 겉90(100)110(120), 편물 돌리기

2단 더블 스티치, 마커까지 안, sm, 안90(100)110(120), 편물 돌리기

3단 더블 스티치, 마커까지 겉, sm, 겉85(90)100(110), 편물 돌리기

4단 더블 스티치, 마커까지 안, sm, 안85(90)100(110), 편물 돌리기

5단 더블 스티치, 마커까지 겉
6단 sm, 마커까지 겉(중간에 더블 스티치는 겉 더블 스티치)

배색뜨기 7
3(4) 사이즈만
1~11단 sm, 마커까지 [차트 7]의 해당 단 반복

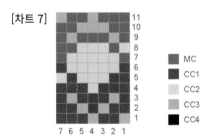

몸통&소매 분리

1(2)사이즈는 CC1 실로, 3(4)사이즈는 MC 실로 뜬다.
rm, 겉70(77)84(98), 84(98)112(126)코 자투리 실이나 여분의 케이블에 옮기기(소매), 감아코 7, pmm(메인 마커 위치 변경), 감아코 7, 겉140(154)168(196), 84(98)112(126)코 자투리 실이나 여분의 케이블에 옮기기(소매), 감아코 7, pm, 감아코 7, 메인 마커까지 겉

*주의: 등 뒤에 있던 메인 마커가 오른쪽 겨드랑이로 옮겨졌고, 두 번째 마커는 왼쪽 겨드랑이에 놓여 있다.

[바늘에 476(532)588(672)코가 걸려 있다.
몸통 308(336)364(420)코, 소매 각 84(98)112(126)코]

몸통

배색뜨기 7
1(2) 사이즈만
1~11단 smm, 메인 마커까지 [차트 7의] 해당 단 반복

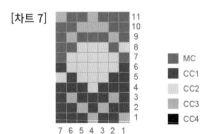

경사뜨기 MC

1단 smm, 겉1, 편물 돌리기

2단 더블 스티치, smm, 2번째 마커까지 안, sm, 안1, 편물 돌리기

3단 더블 스티치, sm, 더블 스티치 5코 전까지 겉, 편물 돌리기

4단 더블 스티치, 더블 스티치 5코 전까지 안, 편물 돌리기

5단 더블 스티치, 메인 마커까지 겉

6단 smm, 메인 마커까지 겉(중간에 더블 스티치는 겉 더블 스티치)

배색뜨기 8

1~6단 smm, 메인 마커까지 [차트 8]의 해당 단 반복

[차트 8]

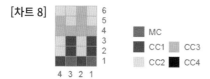

경사뜨기 CC2

1단 smm, 2번째 마커까지 겉, sm, 메인 마커 3코 전까지 겉, 편물 돌리기

2단 더블 스티치, 2번째 마커 3코 전까지 안, 편물 돌리기

3단 더블 스티치, 더블 스티치 3(5)5(5)코 전까지 겉, 편물 돌리기

4단 더블 스티치, 더블 스티치 3(5)5(5)코 전까지 안, 편물 돌리기

5단 더블 스티치, 메인 마커까지 겉(중간에 더블 스티치는 겉 더블 스티치)

6단 smm, 메인 마커까지 겉(중간에 더블 스티치는 겉 더블 스티치)

배색뜨기 9

1~9단 smm, 메인 마커까지 [차트 9]의 해당 단 반복

[차트 9]

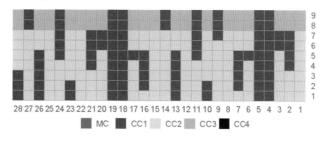

경사뜨기 CC3

1단 smm, 2번째 마커까지 겉, sm, 메인 마커 3코 전까지 겉, 편물 돌리기

2단 더블 스티치, 2번째 마커 3코 전까지 안, 편물 돌리기

3단 더블 스티치, 더블 스티치 3(5)5(5)코 전까지 겉, 편물 돌리기

4단 더블 스티치, 더블 스티치 3(5)5(5)코 전까지 안, 편물 돌리기

5단 더블 스티치, 메인 마커까지 겉(중간에 더블 스티치는 겉 더블 스티치)

6단 smm, 메인 마커까지 겉(중간에 더블 스티치는 겉 더블 스티치)

배색뜨기 10

1~3단 smm, 메인 마커까지 [차트 10]의 해당 단 반복

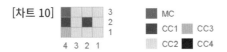

[차트 10]

경사뜨기 MC

1단 smm, 2번째 마커까지 겉, sm, 메인 마커 3코 전까지 겉, 편물 돌리기
2단 더블 스티치, 2번째 마커 3코 전까지 안, 편물 돌리기
3단 더블 스티치, 더블 스티치 3(5)5(5)코 전까지 겉, 편물 돌리기
4단 더블 스티치, 더블 스티치 3(5)5(5)코 전까지 안, 편물 돌리기
5단 더블 스티치, 메인 마커까지 겉(중간에 더블 스티치는 겉 더블 스티치)
6단 smm, 메인 마커까지 겉(중간에 더블 스티치는 겉 더블 스티치)

배색뜨기 11
1 사이즈만

1~5단 smm, 메인 마커까지 [차트 11]의 해당 단 반복

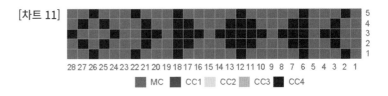

[차트 11]

(2)3(4) 사이즈만

1~5단 [차트 2]의 5단부터 9단 뜨기
1~4단 [차트 3] 뜨기
1~7단 [차트 4] 뜨기

경사뜨기 MC
3(4) 사이즈만

1단 smm, 2번째 마커까지 겉, sm, 메인 마커 3코 전까지 겉, 편물 돌리기
2단 더블 스티치, 2번째 마커 3코 전까지 안, 편물 돌리기
3단 더블 스티치, 더블 스티치 3(5)5(5)코 전까지 겉, 편물 돌리기
4단 더블 스티치, 더블 스티치 3(5)5(5)코 전까지 안, 편물 돌리기
5단 더블 스티치, 메인 마커까지 겉(중간에 더블 스티치는 겉 더블 스티치)
6단 smm, 메인 마커까지 겉(중간에 더블 스티치는 겉 더블 스티치)

배색뜨기 12
3(4) 사이즈만
1~3단 [차트 2]의 1단부터 3단 뜨기

모든 사이즈
경사뜨기 MC

1단 smm, 2번째 마커까지 겉, sm, 메인 마커 3코 전까지 겉, 편물 돌리기
2단 더블 스티치, 2번째 마커 3코 전까지 안, 편물 돌리기
3단 더블 스티치, 더블 스티치 3(5)5(5)코 전까지 겉, 편물 돌리기
4단 더블 스티치, 더블 스티치 3(5)5(5)코 전까지 안, 편물 돌리기
5단 더블 스티치, 메인 마커까지 겉(중간에 더블 스티치는 겉 더블 스티치)
6단 smm, 메인 마커까지 겉(중간에 더블 스티치는 겉 더블 스티치)

*주의: 제시된 기장보다 더 긴 기장을 원한다면, 원하는 길이에서 고무단 5.5cm 뺀 길이
만큼 MC로 더 뜨거나 차트 중 원하는 무늬를 선택하여 떠도 좋다.

앞판 고무단 MC

3mm 대바늘로 바꿔 앞판, 뒤판 고무단을 나눠 평면뜨기를 한다.
준비단(겉면) rmm, 겉2, 방금 뜬 2코 중 1번째 코를 2번째 코에 덮어씌워 코 막음(−1코),
(겉1, 안1) 괄호 안을 마커 2코 전까지 반복, 겉2, rm, 154(168)182(210)코 자투리 실
이나 여분의 케이블에 옮기기
1단(안면) Sl1wyf, 안1, (겉1, 안1) 괄호 안을 마지막 1코 전까지 반복, 안1
2단(겉면) Sl1wyb, (겉1, 안1) 괄호 안을 마지막 2코 전까지 반복, 겉2
1, 2단을 반복해 고무단 5.5cm 또는 원하는 길이만큼 뜬다.

루크 코 막음하고 실을 자른다. *루크 코 막음 영상 가이드 참고

뒤판 고무단 MC

준비단(겉면) 겉2, 덮어씌워 코 막음(−1코), (겉1, 안1) 괄호 안을 마지막 2코 전까지 반
복, 겉2
1단(안면) Sl1wyf, 안1, (겉1, 안1) 괄호 안을 마지막 1코 전까지 반복, 안1
2단(겉면) Sl1wyb, (겉1, 안1) 괄호 안을 마지막 2코 전까지 반복, 겉2
1, 2단을 반복해 고무단 6cm 또는 원하는 길이만큼 뜬다.

루크 코 막음하고 실을 자른다.

소매

자투리 실에 옮겨뒀던 84(98)112(126)코를 3.5mm 대바늘에 옮긴다.

사이즈 1(2)는 CC1, 사이즈 3(4)는 MC 실로 겨드랑이 코 만든 곳 중간부터 7코 줍기,
겉84(98)112(126), 7코 줍기, 마커를 걸고 원형뜨기를 시작한다.
[바늘에 98(112)126(140)코가 걸려 있다.]

배색뜨기

*주의: 필요 시 바늘 사이즈 키우기.

1(2)사이즈만

1~32단 sm, [차트 12]의 1단부터 32단까지 뜨기

3(4)사이즈만

1~21단 sm, [차트 12]의 12단부터 32단까지 뜨기

[차트 12]

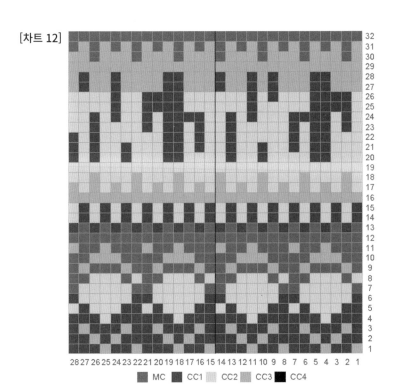

■ MC ■ CC1 ▥ CC2 ▨ CC3 ■ CC4

모든 사이즈

3.25mm 대바늘로 바꾼다.

1단 sm, 마커까지 겉

2단(줄임단) sm, 겉2, K2tog, 마커 3코 전까지 겉, SSK, 겉1

3~6단 sm, 마커까지 겉

7~76단 2~6단 14번 반복

[줄임단 총 15회, 30코 줄임, 총 68(82)96(110)코]

*주의: 단수 게이지가 샘플과 다를 경우 또는 소매 길이를 제시된 길이보다 짧거나 길게 뜨고 싶은 경우엔 줄임단 횟수나 빈노를 조절해야 한다.

예: 팔목 폭은 같고 소매는 더 길게 뜨고 싶다면 줄임단 사이 겉뜨기 단을 4단보다 더 많이 뜬다.

3mm 대바늘로 바꾼다.
고무단 (겉1, 안1) 괄호 안을 마커까지 반복
고무단을 5cm 또는 원하는 길이까지 뜬다.

루크 코 막음하고 실을 자른다.
다른 한쪽 소매도 같은 방식으로 뜬다.

마무리

실을 정리하고 세탁한다.

영상 가이드

더블 스티치
(독일실 경사뜨기)

루크 코 막음

Lou Cardigan

루 카디건

루 카디건은 활용도 높은 기본 카디건으로, 우아한 '루 패턴'이 특징입니다.
가슴둘레에 15~20cm 여유를 둔 오버핏 디자인으로, 부드러운 실로 뜨는 것이 좋습니다.
톱다운 방식으로 제작되며, 몸통은 평면뜨기, 소매는 원형으로 뜹니다. 전체적으로 패턴이 들어가며,
뒤판과 앞판을 각각 뜬 후 겨드랑이 아래에서 합칩니다. 소매는 코를 주워 원형으로 뜹니다.
네크라인, 몸통, 소매를 아이코드로 마무리하며, 버튼밴드는 더블 니팅 스티치로 뜹니다.
오른쪽 앞판에 단춧구멍을 만들고 단추를 달아 완성합니다.

준비하기

사이즈 1(2)3(4)5

	A	B	C	D	E
1	99cm	84cm	45cm	32cm	44cm
2	111cm	94cm	51cm	38cm	44cm
3	123cm	105cm	57cm	44cm	44cm
4	134cm	115cm	60cm	44cm	44cm
5	146cm	124cm	66cm	50cm	44cm

게이지 24코x36단(3.5mm 대바늘, 10x10cm 루 패턴) *세탁 후

바늘 3.5mm(케이블 40, 80cm, 장갑바늘 또는 숏팁), 2.5mm(케이블 80cm)

실 3.5~4 mm 대바늘 사용 가능한 실
Cardiff Cashmere의 Classic(110m/25g), 709 Life 색상(Linea 콜라보)
9(11)12(13)14볼/1000(1150)1300(1380)1550m

그 외 마커 9개, 돗바늘, 자투리 실이나 여분의 케이블(줄바늘), 단추(지름10mm) 6~9개

뒤판 오른쪽 어깨

경사뜨기와 코 늘림으로 뒷목 라인 만들기

3.5mm 대바늘로 40(47)54(54)61코를 만들고 평면뜨기를 시작한다.

준비단(안면) 끝까지 안

1단(겉면) 겉10(10)15(15)17, 편물 뒤집기

2단(안면) 더블 스티치, 끝까지 안 *더블 스티치 영상 가이드 참고

3단(겉면) 겉1, M1R, 더블 스티치까지 겉, 겉 더블 스티치, 겉10(10)15(15)17, 편물 뒤집기[1코 늘림]

4단(안면) 더블 스티치, 끝까지 안

5단(겉면) 겉1, M1R, 더블 스티치까지 겉, 겉 더블 스티치, 겉10(10)15(15)17, 편물 뒤집기[1코 늘림]

6단(안면) 더블 스티치, 끝까지 안, 감아코 5[5코 늘림, 총47(54)61(61)68코]

7단(겉면) 겉12, 안1, pm, 겉6, 안1, pm, 더블 스티치까지 겉, 겉 더블 스티치, 끝까지 겉

8단(안면) 마커 1코 전까지 안, 겉1, sm, 안1, 겉1, 안4, 겉1, sm, 안1, 겉1, 끝까지 안

한 뼘 정도의 실을 남기고 자른 후 여분의 실이나 케이블에 옮긴다.

뒤판 왼쪽 어깨

경사뜨기와 코 늘림으로 뒷목 라인 만들기

3.5mm 대바늘로 40(47)54(54)61코를 만들고 평면뜨기를 시작한다.

준비단(안면) 끝까지 안

1단(겉면) 끝까지 겉

2단(안면) 안10(10)15(15)17, 편물 뒤집기

3단(겉면) 더블 스티치, 마지막 1코 전까지 겉, M1L, 겉1[1코 늘림]

4단(안면) 더블 스티치까지 안, 안 더블 스티치, 안10(10)15(15)17, 편물 뒤집기

5단(겉면) 더블 스티치, 마지막 1코 전까지 겉, M1L, 겉1[1코 늘림]

6단(안면) 더블 스티치까지 안, 안 더블 스티치, 안10(10)15(15)17, 편물 뒤집기

7단(겉면) 더블 스티치, 마지막 15코 전까지 겉, 안1, pm, 겉6, 안1, pm, 겉7, 감아코 5[5코 늘림, 총47(54)61(61)68코]

8단(안면) 마커 1코 전까지 안, 겉1, sm, 안1, 겉1, 안4, 겉1, sm, 안1, 겉1, 더블 스티치까지 안, 안 더블 스티치, 끝까지 안

뒤판 어깨 잇기

1단(겉면) 왼쪽 어깨 마커 1코 전까지 겉, 안1, rm, 겉6, 안1, rm, 끝까지 겉, 감아코 24(24)24(38)38, 여분의 실에 옮겨 두었던 오른쪽 어깨 코 왼쪽 바늘에 옮기기, 겉면을 보고 마커 1코 전까지 겉, 안1, rm, 겉6, 안1, rm, 끝까지 겉 [24(24)24(38)38코 늘림, 총 118(132)146(160)174코]

2단(안면) 끝까지 안

3단(겉면) 끝까지 겉

4단(안면) 끝까지 안

5~8단 3~4단 2번 반복

9단(겉면) (겉6, 안1) 괄호 안을 마지막 6코 전까지 반복, 겉6

10단(안면) 안5, (겉1, 안1, 겉1, 안4) 괄호 안을 마지막 8코 전까지 반복, 겉1, 안1, 겉1, 안5

11단(겉면) (겉6, 안1) 괄호 안을 마지막 6코 전까지 반복, 겉6

12단(안면) 끝까지 안

13단(겉면) 끝까지 겉

14단(안면) 끝까지 안

15단(겉면) 끝까지 겉

16단(안면) 끝까지 안

17단(겉면) 끝까지 겉

18단(안면) 끝까지 안

게이지가 정확하다면 19단부터 시작해서 54(62)74(74)84단까지 무늬에 맞춰 뜨기 (9~18단 반복). 즉, 36(44)56(56)66단을 추가로 뜬다.

게이지가 같지 않다면 양쪽 단면(소매가 시작되는 부분)이 각16(19)22(22)25cm가 되도록 뜨며, 마지막 단은 안면이 되어야 한다.

한 뼘 정도의 실을 남기고 자른 후 여분의 실이나 케이블에 옮긴다.

*주의: 도안에 제시된 소매 너비와 다르게 뜨길 원한다면 무늬에 맞춰 뜨며 단수를 조절한다. 마지막 단은 안면이 되어야 하며 뒤판, 두 앞판 모두 같은 단에서 끝나야 한다.

오른쪽 앞판

뒤판의 겉면을 보고 오른쪽 상단 코너에서 시작한다.

3.5mm 대바늘로 40(47)54(54)61코(1코당 1코)를 줍는다.

경사뜨기

준비단(안면) 끝까지 안

1단(겉면) 끝까지 겉

2단(안면) 안10(10)15(15)17, 편물 뒤집기

3단(겉면) 더블 스티치, 끝까지 겉

4단(안면) 더블 스티치까지 안, 안 더블 스티치, 안10(10)15(15)17, 편물 뒤집기

5단(겉면) 더블 스티치, 끝까지 겉

6단(안면) 더블 스티치까지 안, 안 더블 스티치, 안10(10)15(15)17, 편물 뒤집기

7단(겉면) 더블 스티치, 마지막 13코 전까지 겉, 안1, pm, 겉6, 안1, pm, 겉5

8단(안면) 안4, 겉1, sm, 안1, 겉1, 안4, 겉1, sm, 안1, 겉1, 더블 스티치까지 안, 안 더블 스티치, 끝까지 안

코 늘림으로 네크라인 만들기

1단(겉면) 마커 1코 전까지 겉, 안1, rm, 겉6, 안1, rm, 끝까지 겉

2단(안면) 끝까지 안

3단(겉면) 끝까지 겉

4단(안면) 끝까지 안

5단(겉면) 끝까지 겉

6단(안면) 끝까지 안

늘림 **7단(겉면)** 마지막 1코 전까지 겉, M1L, 겉1[1코 늘림]

8단(안면) 끝까지 안

9단(겉면) (겉6, 안1) 괄호 안을 마지막 6코 전까지 반복, 겉6

10단(안면) 안5, (겉1, 안1, 겉1, 안4) 괄호 안을 마지막 1코 전까지 반복, 안1

늘림 **11단(겉면)** (겉6, 안1) 괄호 안을 마지막 6코 전까지 반복, 겉5, M1L, 겉1[1코 늘림]

12단(안면) 끝까지 안

13단(겉면) 끝까지 겉

14단(안면) 끝까지 안

늘림 **15단(겉면)** 마지막 1코 전까지 겉, M1L, 겉1[1코 늘림]

16단(안면) 끝까지 안

17단(겉면) 끝까지 겉

18단(안면) 끝까지 안

늘림 **19단(겉면)** (겉6, 안1) 괄호 안을 마지막 1코 전까지 반복, M1L, 겉1, 감아코 1
[2코 늘림]

20단(안면) 안2, (겉1, 안1, 겉1, 안4) 괄호 안을 마지막 1코 전까지 반복, 안1

늘림 **21단(겉면)** (겉6, 안1) 괄호 안을 마지막 3코 전까지 반복, 겉2, M1L, 겉1[1코 늘림]

22단(안면) 끝까지 안

늘림 **23단(겉면)** 마지막 1코 전까지 겉, M1L, 겉1[1코 늘림]

24단(안면) 끝까지 안

늘림 **25~28단** 23~24단 2번 반복[2코 늘림]

늘림 **29단(겉면)** (겉6, 안1) 괄호 안을 마지막 7코 전까지 반복, 겉6, M1L, 겉1,
감아코 1[2코 늘림]

30단(안면) 안8, (겉1, 안1, 겉1, 안4) 괄호 안을 마지막 1코 전까지 반복, 안1

늘림 **31단(겉면)** 겉6, (안1, 겉6) 괄호 안을 마지막 3코 전까지 반복, 겉2, M1L, 겉1,
감아코 1[2코 늘림]

32단(안면) 끝까지 안

늘림 **33단(겉면)** 마지막 1코 전까지 겉, M1L, 겉1, 감아코 1[2코 늘림]

34단(안면) 끝까지 안

늘림 **35단(겉면)** 마지막 1코 전까지 겉, M1L, 겉1, 감아코 1[2코 늘림]

36단(안면) 끝까지 안

늘림 **37단(겉면)** 마지막 1코 전까지 겉, M1L, 겉1, 감아코 1
[2코 늘림, 총 59(66)73(73)80코]

1(2)3 사이즈만

38단(안면) 끝까지 안

39단(겉면) (겉6, 안1) 괄호 안을 마지막 10코 전까지 반복, 겉10

40단(안면) 안9, (겉1, 안1, 겉1, 안4) 괄호 안을 마지막 1코 전까지 반복, 안1

41단(겉면) (겉6, 안1) 괄호 안을 마지막 10코 전까지 반복, 겉10

42단(안면) 끝까지 안

43단(겉면) 끝까지 겉

44단(안면) 끝까지 안

45~48단 43~44단 2번 반복

(4)5 사이즈만

38단(안면) 끝까지 안

늘림 39단(겉면) (겉6, 안1) 괄호 안을 마지막 10코 전까지 반복, 겉9, M1L, 겉1, 감아코 1[2코 늘림]

40단(안면) 안11, (겉1, 안1, 겉1, 안4) 괄호 안을 마지막 1코 전까지 반복, 안1

늘림 41단(겉면) (겉6, 안1) 괄호 안을 마지막 12코 전까지 반복, 겉11, M1L, 겉1, 감아코 1[2코 늘림]

42단(안면) 끝까지 안

늘림 43단(겉면) 마지막 1코 전까지 겉, M1L, 겉1, 감아코 2

[3코 늘림, 총 59(66)73(80) 87코]

44단(안면) 끝까지 안

45단(겉면) 끝까지 겉

46단(안면) 끝까지 안

47단(겉면) 끝까지 겉

48단(안면) 끝까지 안

모든 사이즈

49단부터 시작해서 54(62)74(74)84단까지 무늬에 맞춰 뜨기(아래 1~10단 반복). 즉, 6(14)26(26)36단을 추가로 뜬다.

1단(겉면) (겉6, 안1) 괄호 안을 마지막 3코 전까지 반복, 겉3

2단(안면) 안2, (겉1, 안1, 겉1, 안4) 괄호 안을 마지막 1코 전까지 반복, 안1

3단(겉면) (겉6, 안1) 괄호 안을 마지막 3코 전까지 반복, 겉3

4단(안면) 끝까지 안

5단(겉면) 끝까지 겉

6단(안면) 끝까지 안

7단(겉면) 끝까지 겉

8단(안면) 끝까지 안

9단(겉면) 끝까지 겉

10단(안면) 끝까지 안

실을 자른 후 모든 코를 자투리 실이나 여분의 케이블에 옮긴다.

왼쪽 앞판

뒤판의 겉면을 보고 왼쪽 어깨 상단 오른쪽 코너에서 시작한다.
3.5mm 대바늘로 40(47)54(54)61코(1코당 1코)를 줍는다.

경사뜨기

준비단(안면) 끝까지 안

1단(겉면) 겉10(10)15(15)17, 편물 뒤집기

2단(안면) 더블 스티치, 끝까지 안

3단(겉면) 더블 스티치까지 겉, 겉 더블 스티치, 겉10(10)15(15)17, 편물 뒤집기

4단(안면) 더블 스티치, 끝까지 안

5단(겉면) 더블 스티치까지 겉. 겉 더블 스티치, 겉10(10)15(15)17, 편물 뒤집기

6단(안면) 더블 스티치, 끝까지 안

7단(겉면) 겉5, 안1, pm, 겉6, 안1, pm, 더블 스티치까지 겉, 겉 더블 스티치, 끝까지 겉

8단(안면) 마커 1코 전까지 안, 겉1, sm, 안1, 겉1, 안4, 겉1, sm, 안1, 겉1, 끝까지 안

코 늘림으로 네크라인 만들기

1단(겉면) 마커 1코 전까지 겉, 안1, rm 겉6, 안1, rm, 끝까지 겉

2단(안면) 끝까지 안

3단(겉면) 끝까지 겉

4단(안면) 끝까지 안

5단(겉면) 끝까지 겉

6단(안면) 끝까지 안

늘림 7단(겉면) 겉1, M1R, 끝까지 겉[1코 늘림]

8단(안면) 끝까지 안

9단(겉면) (겉6, 안1) 괄호 안을 마지막 6코 전까지 반복, 겉6

10단(안면) 안5, (겉1, 안1, 겉1, 안4) 괄호 안을 마지막 1코 전까지 반복, 안1

늘림 11단(겉면) 겉1, M1R, 겉5, 안1, (겉6, 안1) 괄호 안을 마지막 6코 전까지 반복, 겉6 [1코 늘림]

12단(안면) 끝까지 안

13단(겉면) 끝까지 겉

14단(안면) 끝까지 안

늘림 15단(겉면) 겉1, M1R, 끝까지 겉[1코 늘림]

16단(안면) 끝까지 안

17단(겉면) 끝까지 겉

늘림 18단(안면) 끝까지 안, 감아코 1[1코 늘림]

늘림 19단(겉면) 겉2, M1R, (안1, 겉6) 괄호 안을 끝까지 반복[1코 늘림]

20단(안면) 안5, (겉1, 안1, 겉1, 안4) 괄호 안을 마지막 5코 전까지 반복, 겉1, 안1, 겉1, 안2

늘림 21단(겉면) 겉1, M1R, 겉2, (안1, 겉6) 괄호 안을 끝까지 반복[1코 늘림]

22단(안면) 끝까지 안

늘림 23단(겉면) 겉1, M1R, 끝까지 겉[1코 늘림]

24단(안면) 끝까지 안

늘림 25단(겉면) 겉1, M1R, 끝까지 겉[1코 늘림]

26단(안면) 끝까지 안

늘림 27단(겉면) 겉1, M1R, 끝까지 겉[1코 늘림]

늘림 28단(안면) 끝까지 안, 감아코 1[1코 늘림]

늘림 29단(겉면) 겉2, M1R, 겉6, (안1, 겉6) 괄호 안을 끝까지 반복[1코 늘림]

늘림 30단(안면) 안5, (겉1, 안1, 겉1, 안4) 괄호 안을 마지막 4코 전까지 반복, 안4, 감아코 1[1코 늘림]

늘림 31단(겉면) 겉2, M1R, 겉8, (안1, 겉6) 괄호 안을 끝까지 반복[1코 늘림]

늘림 32단(안면) 끝까지 안, 감아코 1[1코 늘림]

늘림 33단(겉면) 겉2, M1R, 끝까지 겉[1코 늘림]

늘림 34단(안면) 끝까지 안, 감아코 1[1코 늘림]

늘림 35단(겉면) 겉2, M1R, 끝까지 겉[1코 늘림]

늘림 36단(안면) 끝까지 안, 감아코 1[1코 늘림]

늘림 37단(겉면) 겉2, M1R, 끝까지 겉[1코 늘림, 총 59(66)73(73)80코]

1(2)3 사이즈만

38단(안면) 끝까지 안

39단(겉면) 겉10, (안1, 겉6) 괄호 안을 끝까지 반복

40단(안면) 안5, (겉1, 안1, 겉1, 안4) 괄호 안을 마지막 5코 전까지 반복, 안5

41단(겉면) 겉10, (안1, 겉6) 괄호 안을 끝까지 반복

42단(안면) 끝까지 안

43단(겉면) 끝까지 겉

44단(안면) 끝까지 안

45~48단 43~44단 2번 반복

(4)5 사이즈만

늘림 38단(안면) 끝까지 안, 감아코 1[1코 늘림]

늘림 39단(겉면) 겉2, M1R, 겉9, (안1, 겉6) 괄호 안을 끝까지 반복[1코 늘림]

늘림 40단(안면) 안5, (겉1, 안1, 겉1, 안4) 괄호 안을 마지막 7코 전까지 반복, 안7, 감아코 1[1코 늘림]

늘림 41단(겉면) 겉2, M1R, 겉11, (안1, 겉6) 괄호 안을 끝까지 반복[1코 늘림]

늘림 42단(안면) 끝까지 안, 감아코 1[1코 늘림]

늘림 43단(겉면) 겉2, M1R, 끝까지 겉[1코 늘림]

늘림 44단(안면) 끝까지 안, 감아코 1[1코 늘림, 총 59(66)73(80)87]

45단(겉면) 끝까지 겉

46단(안면) 끝까지 안

47단(겉면) 끝까지 겉

48단(안면) 끝까지 안

모든 사이즈

49단부터 시작해서 54(62)74(74)84단까지 무늬에 맞춰 뜨기(아래1~10단 반복).
즉, 6(14)26(26)36단을 더 뜬다.

1단(겉면) 겉3, (안1, 겉6) 괄호 안을 끝까지 반복

2단(안면) 안5, (겉1, 안1, 겉1, 안4) 괄호 안을 마지막 5코 전까지 반복, 겉1, 안1, 겉1, 안2

3단(겉면) 겉3, (안1, 겉6) 괄호 안을 끝까지 반복

4단(안면) 끝까지 안

5단(겉면) 끝까지 겉

6단(안면) 끝까지 안

7단(겉면) 끝까지 겉

8단(안면) 끝까지 안

9단(겉면) 끝까지 겉

10단(안면) 끝까지 안

두 앞판과 뒤판 잇기

겉면을 보고 왼쪽 앞판 코부터 시작한다. 겉58(65)72(79)86, pm, 겉1, 감아코 1, 뒤판 코 왼쪽 바늘에 옮기기, 겉1, pm, 겉116(130)144(158)172, pm, 겉1, 감아코 1, 오른 쪽 앞판 코 왼쪽 바늘에 옮기기, 겉1, pm, 겉58(65)72(79)86
[2코 늘림, 총 238(266)294(322)350코]

몸통

준비단
(2) 사이즈만
1단(안면) 끝까지 안
2단(겉면) 끝까지 겉
3단(안면) 끝까지 안
4단(겉면) 끝까지 겉
5단(안면) 끝까지 안

1,3(4)5 사이즈만
1단(안면) 끝까지 안
2단(겉면) 끝까지 겉
3단(안면) 끝까지 안

모든 사이즈
겨드랑이 아래부터 26(29)32(35)38cm를 무늬에 맞춰 뜨기, 양쪽 겨드랑이 아래 3코를 기준으로 코 줄임을 하는데 무늬 2개가 가까워지면 그 무늬 2개를 겉뜨기로 떠서 없애고 계속 코를 줄여간다. 줄임단을 10단에 1번씩 뜨고 제시된 허리 밑단 너비를 확인 후 줄임 단을 덜 또는 더 떠줄 수 있다.

1단(겉면) 겉3, 안1, [(겉6, 안1) 괄호 안을 마커 5코 전까지 반복, 겉5, sm, 겉3, sm, 겉5, 안1] 괄호 안 2번 반복, (겉6, 안1) 괄호 안을 마지막 3코 전까지 반복, 겉3
2단(안면) 안2, [(겉1, 안1, 겉1, 안4) 괄호 안을 마커까지 반복, sm, 안3, sm, 안4] 괄호 안 2번 반복, (겉1, 안1, 겉1, 안4) 괄호 안을 마지막 5코 전까지 반복, 겉1, 안1, 겉1, 안2
3단(겉면) 겉3, 안1, [(겉6, 안1) 괄호 안을 마커 5코 전까지 반복, 겉5, sm, 겉3, sm, 겉5, 안1] 괄호 안 2번 반복, (겉6, 안1) 괄호 안을 마지막 3코 전까지 반복, 겉3
4단(안면) 끝까지 안
5단(겉면) 끝까지 겉
6단(안면) 끝까지 안
줄임 7단(겉면) (마커 2코 전까지 겉, SSK, sm, 겉3, sm, K2tog) 괄호 안 2번 반복, 끝까지 겉
8단(안면) 끝까지 안
9단(겉면) 끝까지 겉
10단(안면) 끝까지 안

11단(겉면) 겉3, 안1, [(겉6, 안1) 괄호 안을 마커 4코 전까지 반복, 겉4, sm, 겉3, sm, 겉4, 안1] 괄호 안 2번 반복, (겉6, 안1) 괄호 안을 마지막 3코 전까지 반복, 겉3
12단(안면) 안2, [(겉1, 안1, 겉1, 안4) 괄호 안을 마커 6코 전까지 반복, 겉1, 안1, 겉1,

안3, sm, 안3, sm, 안3] 괄호 안 2번 반복, (겉1, 안1, 겉1, 안4) 괄호 안을 마지막 5코 전까지 반복, 겉1, 안1, 겉1, 안2

13단(겉면) 겉3, 안1, [(겉6, 안1) 괄호 안을 마커 4코 전까지 반복, 겉4, sm, 겉3, sm, 겉4, 안1] 괄호 안 2번 반복, (겉6, 안1) 괄호 안을 마지막 3코 전까지 반복, 겉3

14단(안면) 끝까지 안

15단(겉면) 끝까지 겉

16단(안면) 끝까지 안

줄임 17단(겉면) (마커 2코 전까지 겉, SSK, sm, 겉3, sm, K2tog) 괄호 안 2번 반복, 끝까지 겉

18단(안면) 끝까지 안

19단(겉면) 끝까지 겉

20단(안면) 끝까지 안

21단(겉면) 겉3, 안1, [(겉6, 안1) 괄호 안을 마커 3코 전까지 반복, 겉3, sm, 겉3, sm, 겉3, 안1] 괄호 안 2번 반복, (겉6, 안1) 괄호 안을 마지막 3코 전까지 반복, 겉3

22단(안면) 안2, [(겉1, 안1, 겉1, 안4) 괄호 안을 마커 5코 전까지 반복, 겉1, 안1, 겉1, 안2, sm, 안3, sm, 안2] 괄호 안 2번 반복, (겉1, 안1, 겉1, 안4) 괄호 안을 마지막 5코 전까지 반복, 겉1, 안1, 겉1, 안2

23단(겉면) 겉3, 안1, [(겉6, 안1) 괄호 안을 마커 3코 전까지 반복, 겉3, sm, 겉3, sm, 겉3, 안1] 괄호 안 2번 반복, (겉6, 안1) 괄호 안을 마지막 3코 전까지 반복, 겉3

24단(안면) 끝까지 안

25단(겉면) 끝까지 겉

26단(안면) 끝까지 안

줄임 27단(겉면) (마커 2코 전까지 겉, SSK, sm, 겉3, sm, K2tog) 괄호 안 2번 반복, 끝까지 겉

28단(안면) 끝까지 안

29단(겉면) 끝까지 겉

30단(안면) 끝까지 안

31단(겉면) 겉3, 안1, [(겉6, 안1) 괄호 안을 마커 2코 전까지 반복, 겉2, sm, 겉3, sm, 겉2, 안1] 괄호 안 2번 반복, (겉6, 안1) 괄호 안을 마지막 3코 전까지 반복, 겉3

32단(안면) 안2, [(겉1, 안1, 겉1, 안4) 괄호 안을 마커 4코 전까지 반복, 겉1, 안1, 겉1, 안1, sm, 안3, sm, 안1] 괄호 안 2번 반복, (겉1, 안1, 겉1, 안4) 괄호 안을 마지막 5코 전까지 반복, 겉1, 안1, 겉1, 안2

33단(겉면) 겉3, 안1, [(겉6, 안1) 괄호 안을 마커 2코 전까지 반복, 겉2, sm, 겉3, sm, 겉2, 안1] 괄호 안 2번 반복, (겉6, 안1) 괄호 안을 마지막 3코 전까지 반복, 겉3

34단(안면) 끝까지 안

35단(겉면) 끝까지 겉

36단(안면) 끝까지 안

줄임 37단(겉면) (마커 2코 전까지 겉, SSK, sm, 겉3, sm, K2tog) 괄호 안 2번 반복, 끝까지 겉

38단(안면) 끝까지 안

39단(겉면) 끝까지 겉

40단(안면) 끝까지 안

41단(겉면) 겉3, 안1, [(겉6, 안1) 마커 8코 전까지 반복, 겉8, sm, 겉3, sm, 겉8, 안1] 괄호 안 2번 반복, (겉6, 안1) 괄호 안을 마지막 3코 전까지 반복, 겉3
42단(안면) 안2, [(겉1, 안1, 겉1, 안4) 괄호 안을 마커 10코 전까지 반복, 겉1, 안1, 겉1, 안7, sm, 안3, sm, 안7] 괄호 안 2번 반복, (겉1, 안1, 겉1, 안4) 괄호 안을 마지막 5코 전까지 반복, 겉1, 안1, 겉1, 안2
43단(겉면) 겉3, 안1, [(겉6, 안1) 괄호 안을 마커 8코 전까지 반복, 겉8, sm, 겉3, sm, 겉8, 안1] 괄호 안 2번 반복, (겉6, 안1) 괄호 안을 마지막 3코 전까지 반복, 겉3
44단(안면) 끝까지 안
45단(겉면) 끝까지 겉
46단(안면) 끝까지 안
줄임 47단(겉면) (마커 2코 전까지 겉, SSK, sm, 겉3, sm, K2tog) 괄호 안 2번 반복, 끝까지 겉
48단(안면) 끝까지 안
49단(겉면) 끝까지 겉
50단(안면) 끝까지 안

51단(겉면) 겉3, 안1, [(겉6, 안1) 괄호 안을 마커 7코 전까지 반복, 겉7, sm, 겉3, sm, 겉7, 안1] 괄호 안 2번 반복, (겉6, 안1) 괄호 안을 마지막 3코 전까지 반복, 겉3
52단(안면) 안2, [(겉1, 안1, 겉1, 안4) 괄호 안을 마커 9코 전까지 반복, 겉1, 안1, 겉1, 안6, sm, 안3, sm, 안6] 괄호 안 2번 반복, (겉1, 안1, 겉1, 안4) 괄호 안을 마지막 5코 전까지 반복, 겉1, 안1, 겉1, 안2
53단(겉면) 겉3, 안1, [(겉6, 안1) 괄호 안을 마커 7코 전까지 반복, 겉7, sm, 겉3, sm, 겉7, 안1] 괄호 안 2번 반복, (겉6, 안1) 괄호 안을 마지막 3코 전까지 반복, 겉3
54단(안면) 끝까지 안
55단(겉면) 끝까지 겉
56단(안면) 끝까지 안
줄임 57단(겉면) (마커 2코 전까지 겉, SSK, sm, 겉3, sm, K2tog) 괄호 안 2번 반복, 끝까지 겉
58단(안면) 끝까지 안
59단(겉면) 끝까지 겉
60단(안면) 끝까지 안

61단(겉면) 겉3, 안1, [(겉6, 안1) 괄호 안을 마커 6코 전까지 반복, 겉6, sm, 겉3, sm, 겉6, 안1] 괄호 안 2번 반복, (겉6, 안1) 괄호 안을 마지막 3코 전까지 반복, 겉3
62단(안면) 안2, [(겉1, 안1, 겉1, 안4) 괄호 안을 마커 8코 전까지 반복, 겉1, 안1, 겉1, 안5, sm, 안3, sm, 안5] 괄호 안 2번 반복, (겉1, 안1, 겉1, 안4) 괄호 안을 마지막 5코 전까지 반복, 겉1, 안1, 겉1, 안2
63단(겉면) 겉3, 안1, [(겉6, 안1) 괄호 안을 마커 6코 전까지 반복, 겉6, sm, 겉3, sm, 겉6, 안1] 괄호 안 2번 반복, (겉6, 안1) 괄호 안을 마지막 3코 전까지 반복, 겉3
64단(안면) 끝까지 안
65단(겉면) 끝까지 겉

66단(안면) 끝까지 안

줄임 67단(겉면) (마커 2코 전까지 겉, SSK, sm, 겉3, sm, K2tog) 괄호 안 2번 반복, 끝까지 겉

68단(안면) 끝까지 안

69단(겉면) 끝까지 겉

70단(안면) 끝까지 안

1단부터 시작해 패턴을 유지하며 20(30)40(50)60단을 추가로 뜬다.

3코 아이코드 방법으로 코 막음을 한다. *영상 가이드 참고

아이코드 목단

3.5mm 대바늘로 겉면을 보고 오른쪽 앞판부터 시작해서 코를 줍는다: 오른쪽 앞판 네크라인에서 39(39)39(53)53코, 뒷 네크라인에서 44(44)44(58)58코, 왼쪽 앞판 네크라인에서 39(39)39(53)53코를 줍는다.

실을 자르고 앞면을 바라보고 3코 아이코드 방법으로 코 막음을 한다.

소매

3.5mm 대바늘로 겨드랑이 아래쪽, 코 만든 곳에서 1코를 줍고, 76(90)104(104)118코 (거의 3단당 2코)를 줍는다.

*주의: 게이지가 다르거나 제시된 소매 너비와는 다르게 더 넓게 또는 좁게 뜬다면 코를 더 또는 덜 줍는데, 이런 경우 7의 배수로 줍고, 어깨선을 가운데 두고 대칭으로 무늬를 배치하면 좋다. 아래 서술을 참고하여 임의로 줄임을 진행한다.

마커를 걸고 원형뜨기를 시작한다.

준비단 1~6단 sm, 마커까지 겉

1단 sm, 겉7, (안1, 겉6) 괄호 안을 마커까지 반복

2단 sm, 겉6, (안1, 겉1, 안1, 겉4) 괄호 안을 마커 1코 전까지 반복, 겉1

3단 sm, 겉7, (안1, 겉6) 괄호 안을 마커까지 반복

4~10단 sm, 마커까지 겉

11~60단 1~10단 5번 반복

61~66단 1~6단 반복

67단 줄임단 sm, 겉2, K2tog, 마커 3코 전까지 겉, SSK, 겉1

68~70단 sm, 마커까지 겉

몸통처럼 10단마다 줄임단을 뜬다. 무늬 2개가 가까워지면 그 무늬 2개를 겉뜨기로 떠서 없애고 계속 코를 줄여 나간다.

71단부터 150단까지(80단 추가) 또는 원하는 길이까지 규칙적으로 코를 줄이며 무늬에 맞춰 뜨기.

3코 아이코드 방법으로 코 막음을 한다.

같은 방법으로 다른 소매 하나 더 뜬다.

버튼밴드

왼쪽 버튼밴드
2.5mm 대바늘로 겉면을 보고 네크라인 아이코드 마무리 한 곳부터 코를 줍는다: 아이코드 마무리를 한 곳에서 2코, 몸통에서 1단마다 1코씩, 몸통 밑단 아이코드 마무리 한 곳에서 2코를 줍는다. 실을 자르고 다시 네크라인으로 가서 감아코 8코를 만든 후 더블 니팅 스티치 방법으로 버튼밴드를 뜬다. *더블 니팅 버튼 밴드 영상 가이드 참고

오른쪽 버튼밴드
6~9개 또는 원하는 수의 단추를 같은 간격을 두고 놓은 후 마커로 표시한다. 겉면을 보고 2.5mm 대바늘로 몸통 밑단 아이코드 마무리 한 곳부터 코를 줍는다: 아이코드 마무리 한 곳에서 2코, 몸통에서 1단마다 1코씩, 네크라인 아이코드 마무리 한 곳에서 2코를 줍는다. 실을 자르고 다시 몸통 밑단으로 가서 감아코 8코를 만든 후 더블 니팅 스티치 방법으로 버튼밴드를 뜨고 마커를 둔 곳에 단춧구멍을 만든다. *더블 니팅 단춧구멍 영상 가이드 참고

마무리

실을 정리하고 세탁한다.

Tip 게이지를 위한 루 패턴
7의 배수로 코를 만든다
1단(겉면) 겉3, (안1, 겉6) 괄호 안을 마지막 4코 전까지 반복, 안1, 겉3
2단(안면) 안2, (겉1, 안1, 겉1, 안4) 괄호 안을 마지막 5코 전까지 반복, 겉1, 안1, 겉1, 안2
3단(겉면) 겉3, (안1, 겉6) 괄호 안을 마지막 4코 전까지 반복, 안1, 겉3
4단(안면) 끝까지 안
5단(겉면) 끝까지 겉
6단(안면) 끝까지 안
7단(겉면) 끝까지 겉
8단(안면) 끝까지 안
9단(겉면) 끝까지 겉
10단(안면) 끝까지 안
1~10단 반복

영상 가이드

더블 스티시
(독일실 경사뜨기)

아이코드
코 막음

더블 니팅
버튼밴드

더블 니팅
단춧구멍

Lou Cardigan

Emma Sweater

엠마 스웨터

엠마 스웨터는 클래식한 매력과 재미있는 디테일이 조화를 이루는 디자인입니다. 화려하지 않으면서도
눈길을 끄는 배색 무늬는 초보자도 쉽게 도전할 수 있으며, 캐시미어 같은 원사를 사용하면
청바지나 스커트와 매치했을 때 부드러운 분위기를 연출하기에 안성맞춤이죠.
이 스웨터는 고무단과 래글런 부분을 제외하고 전체적으로 겉면에 겉뜨기가 보이는
메리야스 무늬로 뜹니다. 먼저 겹단 목밴드를 뜨고, 이어서 래글런 늘림으로 요크를 만들어 나갑니다.
요크 중간부터 배색이 시작되며, 몸통과 소매 분리 후에는 각각 원형뜨기로 진행합니다.
배색 부분이 단색보다 더 촘촘하게 떠질 수 있으니 게이지를 떠보고 필요하다면
단색 부분의 바늘 크기를 한 단계 줄여 전체적인 게이지를 균일하게 유지할 수 있습니다.

준비하기

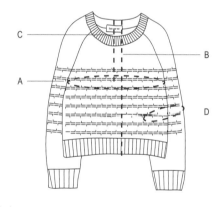

사이즈 1(2)3(4)

	A	B	C	D
1	104cm	52cm	27cm	40.4cm
2	113cm	55cm	30cm	44.8cm
3	126cm	62cm	34cm	46.9cm
4	139cm	65cm	37cm	53.5cm

게이지 23코 30단(4mm 대바늘, 10x10cm 메리야스 배색 무늬) *세탁 후

바늘 4mm 대바늘, 3.5mm 대바늘(케이블 40, 80cm, 장갑바늘 또는 숏팁)

실 3.5~4mm 대바늘 사용 가능한 두 가지 색상
Cardiff Cashmere의 Classic(110m/25g) (Linea 콜라보)
MC 647 Cosmo 색상, 9(10)11(12)볼/1000(1080)1200(1310)m
CC 518 Piombo 색상, 2(2)2(2)볼/130(140)155(170)m

그 외 마커 2개, 자투리 실이나 여분의 케이블(줄바늘), 돗바늘

요크

MC 실과 3.5mm 대바늘로 독일식 코 만들기를 이용해 122코를 느슨하게 만들고 메인 마커를 걸고 원형뜨기를 시작한다. *독일식 코 만들기 영상 가이드 참고

고무단 sm, (겉1, 안1) 괄호 안을 마커까지 반복

고무단을 8cm 뜬다.

겹단 고무단

4mm 대바늘로 바꾼다.

smm, 시작 에지를 안쪽으로 접어 모든 코를 마주보고 있는 코와 함께 느슨하게 K2tog 한다. [바늘에 122코가 걸려 있다.]

경사뜨기와 코 늘림

준비단 smm, 안1, pm, 겉17(17)12(12) (오른쪽 소매), pm, 안1, pm, 겉42(42)47(47) (앞판) pm, 안1, pm, 겉17(17)12(12) (왼쪽 소매), pm, 안1, pm, 겉42(42)47(47) (뒤판)

1단 smm, 안1, sm, M1L, 겉17(17)12(12), M1R, sm, 안1, sm, M1L, 겉1, 편물 돌리기

2단 더블 스티치, 안1, sm, 겉1, sm, 마커까지 안, sm, 겉1, smm, M1LP, 마커까지 안, M1RP, sm, 겉1, sm, M1LP, 마커까지 안, M1RP, sm, 겉1, sm, M1LP, 안1, 편물 돌리기 *더블 스티치 영상 가이드 참고

3단 더블 스티치, 마커까지 겉, sm, 안1, sm, 마커까지 겉, sm, 안1, sm, 마커까지 겉, smm, 안1, sm, M1L, 마커까지 겉, M1R, sm, 안1, sm, M1L, 더블 스티치까지 겉, 겉 더블 스티치, 겉2, 편물 돌리기

4단 더블 스티치, 마커까지 안, sm, 겉1, sm, 마커까지 안, sm, 겉1, smm, M1LP, 마커까지 안, M1RP, sm, 겉1, sm, M1LP, 마커까지 안, M1RP, sm, 겉1, sm, M1LP, 더블 스티치까지 안, 안 더블 스티치, 안2, 편물 돌리기

5~14단 3~4단 5번 반복

정리단 더블 스티치, 마커까지 겉, sm, 안1, sm, 마커까지 겉, sm, 안1, sm, 마커까지 겉

래글런 늘림

15단 smm, 안1, sm, M1L, 마커까지 겉, M1R, sm, 안1, sm, M1L, 더블 스티치까지 겉, 겉 더블 스티치, 더블 스티치까지 겉, 겉 더블 스티치, 마커까지 겉, M1R, sm, 안1, sm, M1L, 마커까지 겉, M1R, sm, 안1, sm, M1L, 마커까지 겉, M1R

16단 smm, 안1, sm, 마커까지 겉, sm, 안1, sm, 마커까지 겉, sm, 안1, sm, 마커까지 겉, sm, 안1, sm, 마커까지 겉

17단 smm, 안1, sm, M1L, 마커까지 겉, M1R, sm, 안1, sm, M1L, 마커까지 겉, M1R, sm, 안1, sm, M1L, 마커까지 겉, M1R, sm, 안1, sm, M1L, 마커까지 겉, M1R

18단 smm, 안1, sm, 마커까지 겉, sm, 안1, sm, 마커까지 겉, sm, 안1, sm, 마커까지 겉, sm, 안1, sm, 마커까지 겉

19~40단 17~18단 11번 반복

8코씩 늘어나는 늘림단(홀수 단)이 1단부터 시작해서 총 20단이 떠졌다.

[앞판, 뒤판 각 82(82)87(87)코, 소매 각 57(57)52(52)코, 래글런 4코]

MC, CC 실을 이용한 스트라이프 배색뜨기

*주의: 래글런 4코는 MC로 안뜨기하며, 차트를 참고해 계속해서 홀수 단마다 래글런 코 양쪽으로 늘림을 한다.

41단 smm, 안1, sm, [소매 차트 A] 1단을 마커까지 뜨기, sm, 안1, sm, [몸통 차트 A] 1단을 마커까지 뜨기, sm, 안1, sm, [소매 차트 A] 1단을 마커까지 뜨기, sm, 안1, sm, [몸통 차트 A] 1단을 마커까지 뜨기

42단 smm, 안1, sm, [소매 차트 A] 2단을 마커까지 뜨기, sm, 안1, sm, [몸통 차트 A] 2단을 마커까지 뜨기, sm, 안1, sm, [소매 차트 A] 2단을 마커까지 뜨기, sm, 안1, sm, [몸통 차트 A] 2단을 마커까지 뜨기

43~50단 41~42단을 참고해 [소매, 몸통 차트 A] 3~10단 뜨기

51단 smm, 안1, sm, [소매 차트 B] 1단을 마커까지 뜨기, sm, 안1, sm, [몸통 차트 B] 1단을 마커까지 뜨기, sm, 안1, sm, [소매 차트 B] 1단을 마커까지 뜨기, sm, 안1, sm, [몸통 차트 B] 1단을 마커까지 뜨기

52단 smm, 안1, sm, [소매 차트 B] 2단을 마커까지 뜨기, sm, 안1, sm, [몸통 차트 B] 2단을 마커까지 뜨기, sm, 안1, sm, [소매 차트 B] 2단을 마커까지 뜨기, sm, 안1, sm, [몸통 차트 B] 2단을 마커까지 뜨기

53~60단 51~52단을 참고해 [소매, 몸통 차트 B] 3~10단 뜨기

1 사이즈만

61~69단 41~49단을 참고해 [소매, 몸통 차트 A] 1~9단 뜨기

2 사이즈만

61~70단 41~50단을 참고해 [소매, 몸통 차트 A] 1~10단 뜨기
71~79단 51~59단을 참고해 [소매, 몸통 차트 B] 1~9단 뜨기

3 사이즈만

61~70단 41~50단을 참고해 [소매, 몸통 차트 A] 1~10단 뜨기
71~80단 51~60단을 참고해 [소매, 몸통 차트 B] 1~10단 뜨기
81~89단 41~49단을 참고해 [소매, 몸통 차트 A] 1~9단 뜨기

4 사이즈만

61~70단 41~50단을 참고해 [소매, 몸통 차트 A] 1~10단 뜨기
71~80단 51~60단을 참고해 [소매, 몸통 차트 B] 1~10단 뜨기
81~90단 41~50단을 참고해 [소매, 몸통 차트 A] 1~10단 뜨기
91~99단 51~59단을 참고해 [소매, 몸통 차트 B] 1~9단 뜨기

[앞판, 뒤판 각 112(122)137(147)코, 소매 각 87(97)102(112)코, 래글런 4코]

[소매 차트 A]

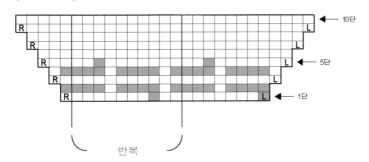

10단

5단

1단

반복

1(2) 사이즈

	MC
	CC
L	CC로 M1 L
R	CC로 M1 R
L	MC로 M1 L
R	MC로 M1 R
⟋	SSK
⟍	K2tog

[몸통 차트 A]

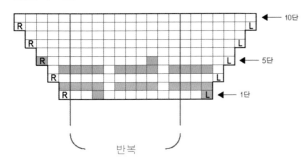

10단

5단

1단

반복

[소매 차트 B]

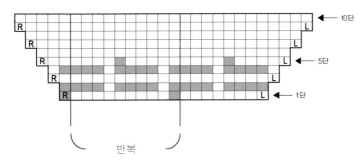

10단

5단

1단

반복

[몸통 차트 B]

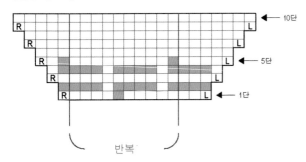

10단

5단

1단

반복

3(4) 사이즈

[소매 차트 A]

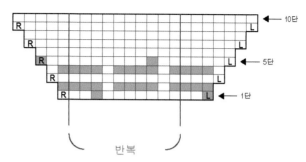

[몸통 차트 A]

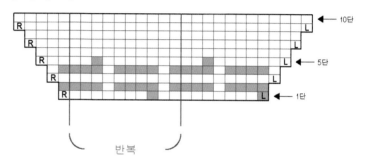

[소매 차트 B]

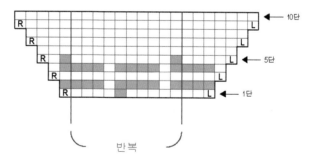

[몸통 차트 B]

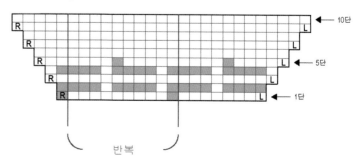

몸통&소매 분리

rmm, Sl1wyb, pmm(메인 마커 이동), 소매 87(97)102(112) 여분의 실에 옮기기, 감아코 6(6)6(11), rm, 겉1, rm, 겉112(122)137(147) (앞판), rm, 겉1, rm, 소매 87(97)102(112) 여분의 실에 옮기기, 감아코 6(6)6(11), rm, 겉1, rm, 겉112(122)137(147) (뒤판), 겉1
[몸통 240(260)290(320)코, 소매 각 87(97)102(112)코]

몸통

[몸통 차트 C]를 반복해 추가로 50단을 뜬다.

3(4) 사이즈만
MC 실로 겉뜨기 10단 뜬다.
제시된 기장보다 길게 뜨고 싶다면 MC 실로 겉뜨기 단을 원하는 기장에서 8cm 짧게 뜬다.

모든 사이즈
3.5mm 대바늘을 이용해
고무단 sm, (겉1, 안1) 괄호 안을 마커까지 반복
고무단을 8cm가 되도록 뜬다.

루크 코 막음 기법을 이용해 모든 코를 막는다. *영상 가이드 참고

소매

자투리 실에 옮겨뒀던 87(97)102(112)코를 4mm 대바늘에 옮긴다.
편물의 겉면을 보고 감아코 한 부분에서 5(5)5(7)코 줍기, 겉87(97)102(112), 감아코 한 부분에서 마저 1(1)1(4)코 줍기, 마커를 걸고 원형뜨기를 시작한다.
[바늘에 93(103)108(123)코가 걸려 있다.]

MC, CC 실로 스트라이프 배색뜨기
1~48단 sm, [소매 차트 C]를 마커까지 뜬다.

MC 실로 메리야스뜨기
49~90단 다음 1~6단을 반복해 6번째 단마다 2코씩 줄이며 겉뜨기
1~5단 sm, 마커까지 겉
6단 sm, 겉3, K2tog, 마커 2코 전까지 겉, SSK[2코 줄임]

3.5mm 대바늘을 이용해
1(2)(4) 사이즈만
91단 sm, 겉1, 안1, 겉1, P2tog, (겉1, 안1) 괄호 안을 마커까지 반복[1코 줄임]
[바늘에 62(72)78(92)코가 걸려 있다.]

모든 사이즈
고무단 sm, (겉1, 안1) 괄호 안을 마커까지 반복
고무단을 8cm가 되도록 뜬다.

루크 코 막음 기법을 이용해 모든 코를 막는다.

마무리

실을 정리하고 세탁한다.

Tip 게이지를 위한 메리야스 배색 무늬
5의 배수로 코를 만들고 [몸통 차트 C]를 참고해 뜬다.

영상 가이드

독일식
코 만들기

더블 스티치
(독일실 경사뜨기)

루크 코 막음

104

1, 3 사이즈

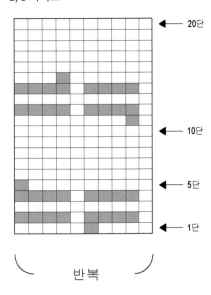

반복

(2) 사이즈

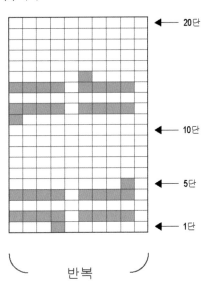

반복

(4) 사이즈

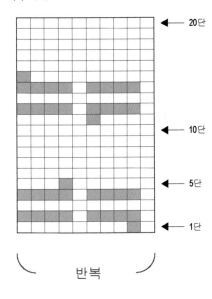

반복

	MC
	CC
⊠	SSK
⊠	K2tog

[소매 차트 C] 1 사이즈

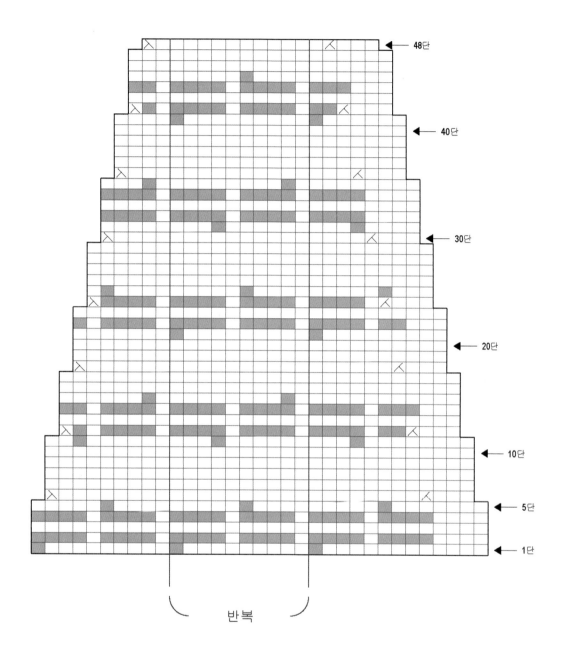

48단

40단

30단

20단

10단

5단

1단

반복

[소매 차트 C] (2) 사이즈

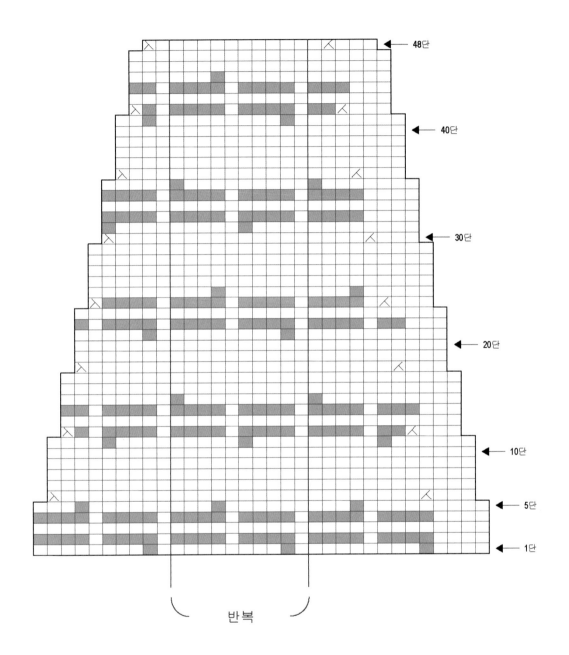

반복

[소매 차트 C] 3 사이즈

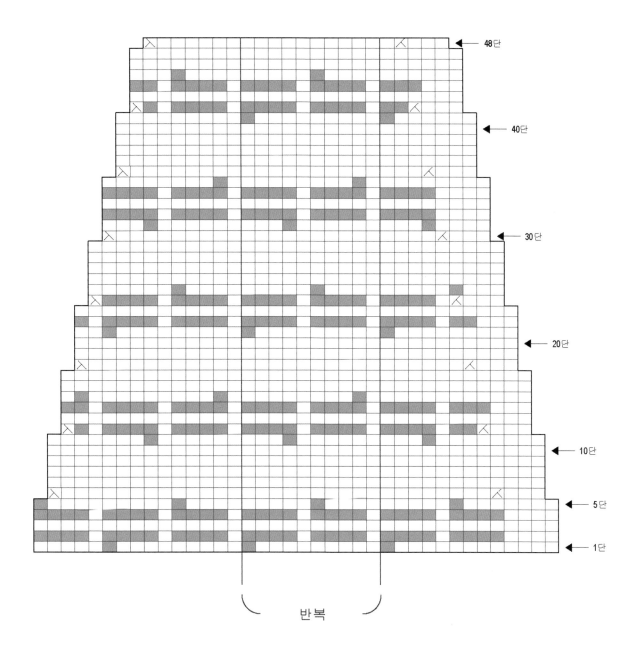

[소매 차트 C] (4) 사이즈

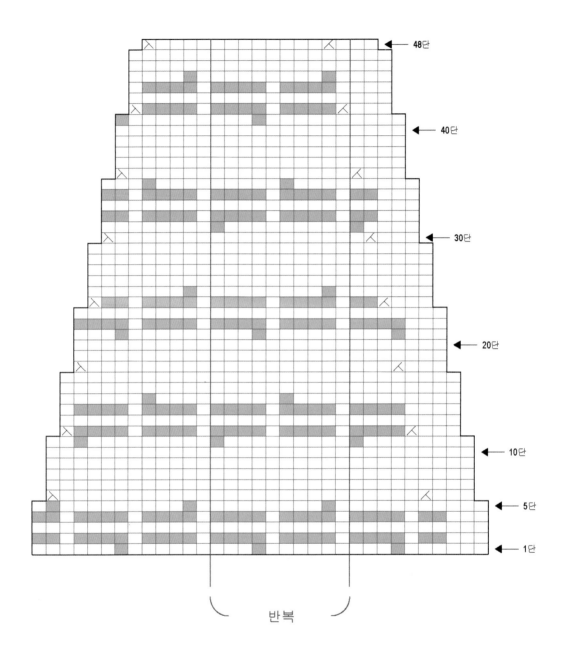

48단
40단
30단
20단
10단
5단
1단

반복

Emma Sweater

Laurier Summer Top
로히에 서머 톱

로히에는 프랑스어로 월계수를 뜻해요. 월계수 잎을 닮은 레이스 무늬가 네크라인을 따라
자리하며 아름다운 물결을 만들어냅니다. 원작은 공기를 많이 포함한 울실을 사용하여
가벼운 소재로 완성되었지만 여름 실을 사용하여 만들어도 좋습니다.
로히에 서머 톱은 목부터 시작하는 톱다운 형식으로 제작되었으며 몸통과 소매는 모두 원형으로 뜹니다.
또한, 목의 앞뒤 단차를 주기 위해 경사뜨기를 적용하였습니다.
입는 사람의 편안한 착용을 위해 가슴둘레를 약 15cm 크게 입는 것을 권장합니다.

준비하기

사이즈 1(2)3(4)5

	A	B	C	D	E
1	95cm	44cm	38cm	24cm	54cm
2	109cm	48cm	44cm	26cm	54cm
3	135cm	52cm	53cm	28cm	60cm
4	145cm	56cm	55.5cm	30cm	60cm
5	154.5cm	58cm	60cm	32cm	60cm

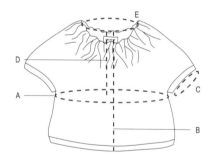

게이지 22코 32단(4mm 대바늘, 10x10cm 메리야스 무늬) *세탁 후

바늘 4mm 대바늘(케이블 40, 80cm, 장갑바늘 또는 숏팁)

실 3.5~4mm 대바늘 사용 가능한 실
Höner och Eir의 Nutiden(515~550yds/470~500m/100~120g)
150(200)250(300)300g/750(1000)1250(1300)1350m

그 외 마커 1개, 자투리 실이나 여분의 케이블(줄바늘), 돗바늘

요크

4mm 대바늘로 120(120)132(132)132코를 만든 후 마커를 걸고 원형뜨기를 시작한다.
*주의: 만약 10x10cm 로히에 무늬 코수가 메리야스 무늬 코수보다 많이 적다면 무늬 부분이 느슨해지는 것을 방지하기 위해 무늬 부분은 더 얇은 대바늘로 뜨고 무늬가 끝난 후 4mm로 바꾸는 것을 추천한다.
로히에 무늬의 기본 코수는 12코로 시작한다. 홀수 단을 뜨고 나면 1코가 늘어나 13코가 되고 짝수 단을 뜨고 나면 다시 12코로 돌아간다.

1단 pm, [로히에 무늬 차트] 1단을 마커까지 반복
2단 sm, [로히에 무늬 차트] 2단을 마커까지 반복
[로히에 무늬 차트]를 30단까지 모두 뜬 후 겉뜨기를 1단 뜬다.

[로히에 무늬 차트]

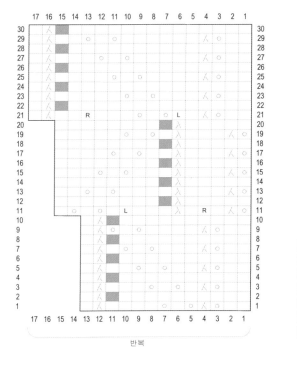

반복

	YO
人	K2tog
入	SSK
▨	코 없음 (다음 코로 넘어가기)
	겉
R	M1R
L	M1L

경사뜨기

1단(겉면) sm, 겉65(65)70(70)70, 편물 돌리기
2단(안면) 더블 스티치, 마커까지 안, sm, 안65(65)70(70)70, 편물 돌리기
*더블 스티치 영상 가이드 참고
3단(겉면) 더블 스티치, 마커까지 겉, sm, 더블 스티치 8코 전까지 겉, 편물 돌리기
4단(안면) 더블 스티치, 마커까지 안, sm, 더블 스티치 8코 전까지 안, 편물 돌리기
5~14단 3~4단 5번 반복
15단(겉면) 더블 스티치, 마커까지 겉
16단(겉면) sm, 마커까지 겉(중간에 더블 스티치는 겉 더블 스티치)

늘림 1
sm, (겉4, M1) 괄호 안을 마커까지 반복
[40(40)44(44)44코 늘림, 총 200(200)220(220)220코]

겉뜨기 6(4)4(3)3단 뜬다.

늘림 2
sm, (겉5, M1) 괄호 안을 마커까지 반복
[40(40)44(44)44코 늘림, 총 240(240)264(264)264코]

겉뜨기 7(5)5(4)4단 뜬다

늘림 3
sm, (겉6, M1) 괄호 안을 마커까지 반복
[40(40)44(44)44코 늘림, 총 280(280)308(308)308코]

겉뜨기 8(6)6(5)5단 뜬다.

늘림 4
sm, (겉7, M1) 괄호 안을 마커까지 반복
[40(40)44(44)44코 늘림, 총 320(320)352(352)352코]

겉뜨기 9(7)7(6)6단 뜬다.

늘림 5
sm, (겉8, M1) 괄호 안을 마커까지 반복
[40(40)44(44)44코 늘림, 총 360(360)396(396)396코]

사이즈 1만
겉뜨기를 3단 뜬다. 또는 뒷목부터 총 24cm가 되도록 겉뜨기로 뜬다.

사이즈 (2)만

겉뜨기를 7단 뜬다.

늘림 6

sm, (겉9, M1) 괄호 안을 마커까지 반복

[40코 늘림, 총 400코]

겉뜨기를 7단 뜬다.

늘림 7

sm, (겉25, M1) 괄호 안을 마커까지 반복

[16코 늘림, 총 416코]

겉뜨기 3단 뜬다. 또는 뒷목부터 총 26cm가 되도록 겉뜨기로 뜬다.

사이즈 3만

겉뜨기를 8단 뜬다.

늘림 6

sm, (겉9, M1) 괄호 안을 마커까지 반복

[44코 늘림, 총 440코]

겉뜨기를 8단 뜬다.

늘림 7

sm, 겉2, (겉7, M1, 겉8, M1) 괄호 안을 마커 3코 전까지 반복, 겉3

[58코 늘림, 총 498코]

겉뜨기를 5단 뜬다. 또는 뒷목부터 총 28cm가 되도록 겉뜨기로 뜬다.

사이즈 (4)만

겉뜨기를 7단 뜬다.

늘림 6

sm, (겉9, M1) 괄호 안을 마커까지 반복

[44코 늘림, 총 440코]

겉뜨기를 7단 뜬다.

늘림 7

sm, (겉10, M1) 괄호 안을 마커까지 반복

[44코 늘림, 총 484코]

겉뜨기를 7단 뜬다.

늘림 8

sm, 겉2, (겉10, M1) 괄호 안을 마커 2코 전까지 반복, 겉2

[48코 늘림, 총 532코]

겉뜨기를 3단 뜬다. 또는 뒷목부터 총 30cm가 되도록 겉뜨기로 뜬다.

사이즈 5만

겉뜨기를 7단 뜬다.

늘림 6

sm, (겉9, M1) 괄호 안을 마커까지 반복

[44코 늘림, 총 440코]

겉뜨기를 7단 뜬다.

늘림 7

sm, (겉10, M1) 괄호 안을 마커까지 반복

[44코 늘림, 총 484코]

겉뜨기를 7단 뜬다.

늘림 8

sm, (겉11, M1) 괄호 안을 마커까지 반복

[44코 늘림, 총 528코]

겉뜨기를 7단 뜬다.

늘림 9

sm, (겉12, M1) 괄호 안을 마커까지 반복

[44코 늘림, 총 572코]

겉뜨기를 2단 뜬다. 또는 뒷목부터 총 32cm가 되도록 겉뜨기로 뜬다.

몸통&소매 분리

rm, 겉50(58)70(76)81, 80(92)108(114)124코 자투리 실이나 여분의 케이블에 옮기기(소매), 감아코 2(2)4(4)4, pmm(메인 마커 위치 변경), 감아코 2(2)4(4)4, 겉100(116)141(152)162, 80(92)108(114)124코 자투리 실이나 여분의 케이블에 옮기기(소매), 감아코 4(4)8(8)8, 새로운 메인 마커까지 겉

[바늘엔 368(424)514(548)588코가 걸려 있다.

몸통 208(240)298(320)340코, 소매 각 80(92)108(114)124코]

몸통

겨드랑이 코 만든 곳부터 20(22)24(26)26cm 또는 원하는 길이에서 2cm 짧게 겉뜨기로 뜬다.

고무단

사이즈 1(2)(4)5만

sm, (안2, P2tog) 괄호 안을 마커까지 반복

사이즈 3만

sm, (안2, P2tog) 괄호 안을 마커 2코 전까지 반복, 안2

모든 사이즈

1단 sm, 마커까지 겉

2단 sm, 마커까지 안

1~2단을 총 4번 반복해 고무단이 2cm가 되도록 한다.

덮어씌워 코 막음하고 실을 자른다.

소매

자투리 실에 옮겨뒀던 80(92)108(114)124코를 4mm 대바늘에 옮긴다. 편물의 겉면을 보고 겨드랑이 코 만든 곳 중간부터 2(2)4(4)4코 줍기, 겉80(92)108(114)124, 2(2)4(4)4코 줍기, pmm, 원형뜨기를 시작한다.

[바늘에 84(96)116(122)132코가 걸려 있다.]

고무단
사이즈 1(2)3,5만

sm, (안2, P2tog) 괄호 안을 마커까지 반복

사이즈 (4)만

sm, (안2, P2tog) 괄호 안을 마커 2코 전까지 반복, 안2

모든 사이즈

1단 sm, 마커까지 겉
2단 sm, 마커까지 안
1~2단을 총 4번 반복해 고무단이 2cm가 되도록 한다.
덮어씌워 코 막음하고 실을 자른다.

다른 한쪽 소매도 같은 방식으로 뜬다

마무리

실을 정리하고 세탁한다.

영상 가이드

더블 스티치
(독일식 경사뜨기)

Laurier Summer Top

Amanda Sweater
아만다 스웨터

아만다 스웨터는 네크라인부터 시작되는 쉐브론&케이블 무늬의
물결지는 편물이 돋보입니다. 특히 네크라인부터 몸통과 소매 고무단까지 이어지는
케이블 무늬가 스웨터에 특별한 매력을 부여합니다. 쉐브론&케이블 무늬로
요크를 뜬 후 경사뜨기를 합니다. 그리고 몸통과 소매를 분리 후
원형으로 뜨며, 뜨면서 길이를 조절할 수 있습니다.

준비하기

사이즈 1(2)3(4)5

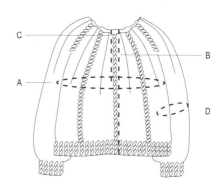

	A	B	C	D
1	109cm	50cm	28cm	34cm
2	122cm	54cm	31cm	40cm
3	134cm	57cm	31cm	45cm
4	143cm	60cm	33cm	48cm
5	159cm	62cm	33cm	49cm

게이지 19코 28단(4.5mm 대바늘, 10x10cm 메리야스 무늬)
24코 28단(4.5mm 대바늘, 10x10cm 쉐브론&케이블 무늬) *세탁 후

바늘 4mm(케이블 40cm), 4.5mm(케이블 40, 60, 80cm, 장갑바늘 또는 숏팁)

실 4~4.5mm 대바늘 사용 가능한 실과 1.5~2.25 mm 대바늘 사용 가능한 실 2합
La Bien Aimée의 Corrie Confetti(230m/100g) Greybow 색상(니트카페 콜라보)
4(5)6(6)6볼/920(1100)1230(1300)1350m
La Bien Aimée의 Mohair silk Lace(500m/50g) Somsatang 색상(니트카페 콜라보)
2(3)3(3)3볼/920(1100)1230(1300)1350m

그 외 마커 1개, 돗바늘, 꽈배기바늘, 자투리 실이나 케이블(줄바늘)

요크

4mm 대바늘로 110(110)120(120)130코를 만들고, 마커를 걸고 원형뜨기를 시작한다.

준비단 sm, 마커까지 겉

4.5mm 대바늘로 바꾸고,

1단 sm, (K2tog, 겉1, M1R, 겉4, M1L, 겉1, SSK) 괄호 안을 마커까지 반복

2단 sm, 마커까지 겉

3단 sm, (K2tog, 겉1, M1R, 2/2RC, M1L, 겉1, SSK) 괄호 안을 마커까지 반복

4단 sm, 마커까지 겉

5~8단 1~4단 반복

9~11단 1~3단 반복

늘림 1

12단 sm, (겉1, M1R, 겉8, M1L, 겉1) 괄호 안을 마커까지 반복
[22(22)24(24)26코 늘림, 총 132(132)144(144)156코]

13단 sm, (K2tog, 겉2, M1R, 겉4, M1L, 겉2, SSK) 괄호 안을 마커까지 반복

늘림 2

14단 sm, (겉2, M1R, 겉8, M1L, 겉2) 괄호 안을 마커까지 반복
[22(22)24(24)26코 늘림, 총 154(154)168(168)182코]

15단 sm, (K2tog, 겉3, M1R, 2/2RC, M1L, 겉3, SSK) 괄호 안을 마커까지 반복

16단 sm, 마커까지 겉

17단 sm, (K2tog, 겉3, M1R, 겉4, M1L, 겉3, SSK) 괄호 안을 마커까지 반복

18단 sm, 마커까지 겉

19~22단 15~18단 반복

23단 15단 반복

늘림 3

24단 sm, (겉3, M1R, 겉8, M1L, 겉3) 괄호 안을 마커까지 반복
[22(22)24(24)26코 늘림, 총 176(176)192(192)208코]

25단 sm, (K2tog, 겉4, M1R, 겉4, M1L, 겉4, SSK) 괄호 안을 마커까지 반복

26단 sm, 마커까지 겉

27단 sm, (K2tog, 겉4, M1R, 2/2RC, M1L, 겉4, SSK) 괄호 안을 마커까지 반복

28단 sm, 마커까지 겉

29~31단 25~27단 반복

늘림 4

32단 sm, (겉4, M1R, 겉8, M1L, 겉4) 괄호 안을 마커까지 반복
[22(22)24(24)26코 늘림, 총 198(198)216(216)234코]

33단 sm, (K2tog, 겉5, M1R, 겉4, M1L, 겉5, SSK) 괄호 안을 마커까지 반복

34단 sm, 마커까지 겉

35단 sm, (K2tog, 겉5, M1R, 2/2RC, M1L, 겉5, SSK) 괄호 안을 마커까지 반복

늘림 5

36단 sm, (겉4, M1R, 겉10, M1L, 겉4) 괄호 안을 마커까지 반복
[22(22)24(24)26코 늘림, 총 220(220)240(240)260]코

37단 sm, (K2tog, 겉6, M1R, 겉4, M1L, 겉6, SSK) 괄호 안을 마커까지 반복
38단 sm, 마커까지 겉
39단 sm, (K2tog, 겉6, M1R, 2/2RC, M1L, 겉6, SSK) 괄호 안을 마커까지 반복

늘림 6

40단 sm, (겉4, M1R, 겉12, M1L, 겉4) 괄호 안을 마커까지 반복
[22(22)24(24)26코 늘림, 총 242(242)264(264)286코]

41단 sm, (K2tog, 겉7, M1R, 겉4, M1L, 겉7, SSK) 괄호 안을 마커까지 반복
42단 sm, 마커까지 겉
43단 sm, (K2tog, 겉7, M1R, 2/2RC, M1L, 겉7, SSK) 괄호 안을 마커까지 반복

늘림 7

44단 sm, (겉4, M1R, 겉14, M1L, 겉4) 괄호 안을 마커까지 반복
[22(22)24(24)26코 늘림, 총 264(264)288(288)312코]

45단 sm, (K2tog, 겉8, M1R, 겉4, M1L, 겉8, SSK) 괄호 안을 마커까지 반복
46단 sm, 마커까지 겉
47단 sm, (K2tog, 겉8, M1R, 2/2RC, M1L, 겉8, SSK) 괄호 안을 마커까지 반복

늘림 8

48단 sm, (겉4, M1R, 겉16, M1L, 겉4) 괄호 안을 마커까지 반복
[22(22)24(24)26코 늘림, 총 286(286)312(312)338코]

49단 sm, (K2tog, 겉9, M1R, 겉4, M1L, 겉9, SSK) 괄호 안을 마커까지 반복
50단 sm, 마커까지 겉
51단 sm, (K2tog, 겉9, M1R, 2/2RC, M1L, 겉9, SSK) 괄호 안을 마커까지 반복

늘림 9

52단 sm, (겉4, M1R, 겉18, M1L, 겉4) 괄호 안을 마커까지 반복
[22(22)24(24)26코 늘림, 총 308(308)336(336)364코]

53단 sm, (K2tog, 겉10, M1R, 겉4, M1L, 겉10, SSK) 괄호 안을 마커까지 반복
54단 sm, 마커까지 겉
55단 sm, (K2tog, 겉10, M1R, 2/2RC, M1L, 겉10, SSK) 괄호 안을 마커까지 반복

늘림 10

56단 sm, (겉4, M1R, 겉20, M1L, 겉4) 괄호 안을 마커까지 반복
[22(22)24(24)26코 늘림, 총 330(330)360(360)390코]

57단 sm, (K2tog, 겉11, M1R, 겉4, M1L, 겉11, SSK) 괄호 안을 마커까지 반복
58단 sm, 마커까지 겉
59단 sm, (K2tog, 겉11, M1R, 2/2RC, M1L, 겉11, SSK) 괄호 안을 마커까지 반복

늘림 11

60단 sm, (겉4, M1R, 겉22, M1L, 겉4) 괄호 안을 마커까지 반복
[22(22)24(24)26코 늘림, 총 352(352)384(384)416코]

61단 sm, (K2tog, 겉12, M1R, 겉4, M1L, 겉12, SSK) 괄호 안을 마커까지 반복
62단 sm, 마커까지 겉
63단 sm, (K2tog, 겉12, M1R, 2/2RC, M1L, 겉12, SSK) 괄호 안을 마커까지 반복

1 사이즈만

64단 sm, 마커까지 겉

(2)3(4)5 사이즈만

늘림 64단 sm, (겉4, M1R, 겉24, M1L, 겉4) 괄호 안을 마커까지 반복
[0(22)24(24)26코 늘림, 총 352(374)408(408)442코]
65단 sm, (K2tog, 겉13, M1R, 겉4, M1L, 겉13, SSK) 괄호 안을 마커까지 반복
66단 sm, 마커까지 겉
67단 sm, (K2tog, 겉13, M1R, 2/2RC, M1L, 겉13, SSK) 괄호 안을 마커까지 반복
늘림 68단 sm, (겉4, M1R, 겉26, M1L, 겉4) 괄호 안을 마커까지 반복
[0(22)24(24)26코 늘림, 총 352(396)432(432)468코]
69단 sm, (K2tog, 겉14, M1R, 겉4, M1L, 겉14, SSK) 괄호 안을 마커까지 반복
70단 sm, 마커까지 겉
71단 sm, (K2tog, 겉14, M1R, 2/2RC, M1L, 겉14, SSK) 괄호 안을 마커까지 반복

(2)3 사이즈만

72단 sm, 마커까지 겉

(4)5 사이즈만

늘림 72단 sm, (겉4, M1R, 겉28, M1L, 겉4) 괄호 안을 마커까지 반복
[0(0)0(24)26코 늘림, 총 352(396)432(456)494코]
73단 sm, (K2tog, 겉15, M1R, 겉4, M1L, 겉15, SSK) 괄호 안을 마커까지 반복
74단 sm, 마커까지 겉
75단 sm, (K2tog, 겉15, M1R, 2/2RC, M1L, 겉15, SSK) 괄호 안을 마커까지 반복
76단 sm, 마커까지 겉

3(4) 사이즈만

실을 자르고 마커를 제거한 후 16(17)코를 오른쪽 바늘로 옮긴다. pm(메인 마커 이동), 실을 새로 걸어 원형뜨기를 시작한다.

모든 사이즈

경사뜨기부터 쉐브론 스티치 없이 케이블 스티치와 겉뜨기로만 뜬다.

경사뜨기

1단 sm, 겉123(141)161(171)188, 편물 돌리기

2단 더블 스티치, 마커까지 안, sm, 안123(141)157(167)188, 편물 돌리기

*더블 스티치 영상 가이드 참고

3단 더블 스티치, 마커까지 겉, sm, 더블 스티치까지 케이블 스티치 포함해 무늬에 맞춰 뜨기, 겉 더블 스티치, 겉6, 편물 돌리기

4단 더블 스티치, 마커까지 안, sm, 더블 스티치까지 케이블 스티치 포함해 무늬에 맞춰 뜨기, 안 더블 스티치, 안6, 편물 돌리기

5단 더블 스티치, 마커까지 겉, sm, 더블 스티치까지 겉, 겉 더블 스티치, 겉6, 편물 돌리기

6단 더블 스티치, 마커까지 안, sm, 더블 스티치까지 안, 안 더블 스티치, 안6, 편물 돌리기

7~10단 3~6단 반복

11단 더블 스티치, 마커까지 겉, sm, 더블 스티치까지 케이블 스티치 포함해 무늬에 맞춰 뜨기, 겉 더블 스티치, 겉6, 편물 돌리기

12단 더블 스티치, 마커까지 안, sm, 더블 스티치까지 케이블 스티치 포함해 무늬에 맞춰 뜨기, 안 더블 스티치, 안6, 편물 돌리기

13단 더블 스티치, 마커까지 겉

14단 sm, 마커까지 겉(중간에 더블 스티치는 겉 더블 스티치)

Tip

케이블 스티치 포함해 무늬에 맞춰 뜨기(케이블 스티치 포함된 단만 해당)

겉면 겉뜨기엔 겉뜨기, 케이블 스티치 위치에서 2/2RC

안면 안뜨기엔 안뜨기, 케이블 스티치 위치에서 2/2RCP

몸통&소매 분리

sm, 겉55(60)67(71)76, 66(78)86(90)92코 자투리 실이나 여분의 케이블에 옮기기(소매), 감아코 2(2)4(8)8, 겉110(120)130(138)158, 66(78)86(90)92코 자투리 실이나 여분의 케이블에 옮기기(소매), 감아코 2(2)4(8)8, 겉55(60)63(67)76
[바늘에 356(400)440(472)510코가 걸려 있다.
몸통 224(244)268(292)326코, 소매 각 66(78)86(90)92코]

몸통

1단 sm, 마커까지 케이블 스티치 포함해 무늬에 맞춰 뜨기

2~4단 sm, 마커까지 겉

1~4단을 추가로 9(10)12(13)14번 또는 원하는 총 기장에서 7cm 짧게 뜬다.

케이블 고무단

1 사이즈만

준비단 rm, 실을 뒤에 두고 2코를 오른쪽 바늘로 옮기기(Sl2wyb), pm, K2tog, 2/2RC, 겉1, 2/2RC, 겉1, (2/2RC, 겉1, 2/2RC, K2tog, 2/2RC, 겉1, 2/2RC, 겉1, 2/2RC, K2tog, 2/2RC, 겉1) 괄호 안 6번 반복, 2/2RC, 겉1, 2/2RC, K2tog, 2/2RC, 겉1, 2/2RC

1~2단 sm, 마커까지 겉

3단 sm, (안1, 겉4) 괄호 안을 마커까지 반복

4단 sm, (안1, 2/2RC) 괄호 안을 마커까지 반복

5~7단 sm, (안1, 겉4) 괄호 안을 마커까지 반복

8~15단 4~7단 2번 반복

16단 sm, (안1, 2/2RC) 괄호 안을 마커까지 반복

17단 sm, (안1, 겉4) 괄호 안을 마커까지 반복

루크 코 막음하고 실을 자른다. *영상 가이드 참고

2 사이즈만

준비단 2/2RC, K2tog, (2/2RC, 겉1) 괄호 안 2번 반복, 2/2RC, K2tog, (2/2RC, 겉1) 괄호 안 6번 반복, (2/2RC, K2tog, 2/2RC, 겉1) 괄호 안 2번 반복, (2/2RC, 겉1) 괄호 안 2번 반복, 2/2RC, K2tog, (2/2RC, 겉1) 괄호 안 6번 반복, 2/2RC, K2tog, (2/2RC, 겉1) 괄호 안 6번 반복, (2/2RC, K2tog, 2/2RC, 겉1) 괄호 안 2번 반복, (2/2RC, 겉1) 괄호 안 2번 반복, 2/2RC, K2tog, (2/2RC, 겉1) 괄호 안 6번 반복, (2/2RC, 겉1) 괄호 안 4번 반복

3 사이즈만

준비단 2/2RC, K2tog, (2/2RC, 겉1) 괄호 안 6번 반복, (2/2RC, 겉1) 괄호 안 3번 반복, 2/2RC, K2tog, (2/2RC, 겉1) 괄호 안 3번 반복, 2/2RC, K2tog, (2/2RC, 겉1) 괄호 안 4번 반복, 2/2RC, K2tog, (2/2RC, 겉1) 괄호 안 6번 반복, 2/2RC, K2tog, (2/2RC, 겉1) 괄호 안 6번 반복, (2/2RC, 겉1) 괄호 안 3번 반복, 2/2RC, K2tog, (2/2RC, 겉1) 괄호 안 3번 반복, 2/2RC, K2tog, (2/2RC, 겉1) 괄호 안 4번 반복, 2/2RC, K2tog, (2/2RC, 겉1) 괄호 안을 6번 반복

4 사이즈만

준비단 sm, (2/2RC, K2tog, 2/2RC, 겉1) 괄호 안 3번 반복, (2/2RC, 겉1) 괄호 안 2번 반복, (2/2RC, K2tog, 2/2RC, 겉1) 괄호 안 5번 반복, (2/2RC, 겉1) 괄호 안 2번 반복, [(2/2RC, K2tog, 2/2RC, 겉1) 괄호 안 3번 반복, 2/2RC, 겉1] 괄호 안 2번 반복, 2/2RC, 겉1, (2/2RC, K2tog, 2/2RC, 겉1) 괄호 안 5번 반복, (2/2RC, 겉1) 괄호 안 2번 반복, (2/2RC, K2tog, 2/2RC, 겉1) 괄호 안 3번 반복, 2/2RC, 겉1

5 사이즈만

준비단 sm, 2/2RC, 겉1, (2/2RC, K2tog) 괄호 안 2번 반복, (2/2RC, K2tog, 2/2RC, 겉1) 괄호 안 3번 반복, (2/2RC, 겉1) 괄호 안 7번 반복, [(2/2RC, K2tog, 2/2RC, 겉1) 괄호 안 3번 반복, 2/2RC, 겉1] 괄호 안 4번 반복, (2/2RC, 겉1) 괄호 안 6번 반복,

(2/2RC, K2tog, 2/2RC, 겉1) 괄호 안 3번 반복, (2/2RC, K1) 괄호 안 2번 반복, 2/2RC, K2tog, (2/2RC, 겉1) 괄호 안 2번 반복

(2)3(4)5 사이즈만
1~2단 sm, 마커까지 겉
3단 sm, (겉4, 안1) 괄호 안을 마커까지 반복
4단 sm, (2/2RC, 안1) 괄호 안을 마커까지 반복
5~7단 sm, (겉4, 안1) 괄호 안을 마커까지 반복
8~15단 4~7단 2번 반복
16단 sm, (2/2RC, 안1) 괄호 안을 마커까지 반복
17단 sm, (겉4, 안1) 괄호 안을 마커까지 반복

루크 코 막음하고 실을 자른다.

소매

자투리 실에 옮겨뒀던 66(78)86(90)92코를 4.5mm 대바늘에 옮긴다. 편물의 겉면을 보고 겨드랑이 코 만든 곳 중간부터 1(1)2(4)4코 줍기, 겉66(78)86(90)92, 1(1)2(4)4코 줍기, 마커를 걸고 원형뜨기를 시작한다.
[바늘에 68(80)90(98)100코가 있다.]

1단 sm, 마커까지 케이블 스티치 포함해 무늬에 맞춰 뜨기
2~4단 sm, 마커까지 겉
1~4단을 추가로 17(18)18(18)18번 또는 원하는 총 기장에서 8cm 짧게 뜬다.
1~3단을 뜬다.

케이블 고무단
1 사이즈만
왼쪽 소매 준비단 sm, K2tog, 겉1, K2tog, 겉1, K2tog, 겉4, (K2tog, 겉2) 괄호 안 7번 반복, 겉4, (K2tog, 겉1) 괄호 안 3번 반복, K2tog, 겉2, (K2tog, 겉1) 괄호 안 3번 반복, K2tog [고무단 A]로 이동

오른쪽 소매 준비단 sm, (K2tog, 겉1) 괄호 안 3번 반복, K2tog, 겉2, (K2tog, 겉1) 괄호 안 3번 반복, K2tog, 겉4, (K2tog, 겉2) 괄호 안 7번 반복, 겉4, K2tog, 겉1, K2tog, 겉1, K2tog [고무단 B]로 이동

2 사이즈만
왼쪽 소매 준비단 sm, (겉2, K2tog) 괄호 안 2번 반복, 겉7, (겉3, K2tog) 괄호 안 6번 반복, 겉6, (K2tog, 겉2) 괄호 안 7번 반복, 겉1, rm, 실을 뒤에 두고 3코를 오른쪽 바늘로 이동, pm, [고무단 B]로 이동
오른쪽 소매 준비단 sm, 겉1,(K2tog, 겉2) 괄호 안 7번 반복, 겉4, (겉3, K2tog) 괄호 안 6번 반복, 겉6, (K2tog, 겉2) 괄호 안 2번 반복, 겉3, rm, 실을 뒤에 두고 2코를 오른쪽 바늘로 이동(Sl2wyb), pm, [고무단 A]로 이동

3 사이즈만

준비단 sm, 겉1, K2tog, 겉2, K2tog, 겉4,[(겉3, K2tog) 괄호 안 6번 반복, 겉6] 괄호 안 2번 반복, K2tog, 겉5, [고무단 A]로 이동

4 사이즈만

준비단 sm, (겉1, K2tog) 괄호 안 3번 반복, 겉4, [(K2tog,겉2) 괄호 안 8번 반복, 겉6] 괄호 안 2번 반복, (K2tog, 겉1) 괄호 안 2번 반복, K3tog, [고무단 B]로 이동

5 사이즈만

왼쪽 소매 준비단 sm, (K2tog, 겉1, K2tog, 겉2) 괄호 안 5번 반복, K2tog, 겉6, (K2tog, 겉2) 괄호 안 8번 반복, 겉4, (K2tog, 겉2, K2tog, 겉1) 괄호 안 3번 반복, [고무단 B]로 이동

오른쪽 소매 준비단 sm, (겉2, K2tog, 겉1, K2tog) 괄호 안 3번 반복, 겉6, (K2tog, 겉2) 괄호 안 8번 반복, 겉4, (K2tog, 겉1, K2tog, 겉2) 괄호 안 5번 반복, K2tog, [고무단 A]로 이동

[고무단 A]

1단 sm, (2/2RC, 겉1) 괄호 안을 마커까지 반복

2~3단 sm, 마커까지 겉

4단 sm, (겉4, 안1) 괄호 안을 마커까지 반복

5단 sm, (2/2RC, 안1) 괄호 안을 마커까지 반복

6~8단 sm, (겉4, 안1) 괄호 안을 마커까지 반복

9~16단 5~8단 2번 반복

17단 sm, (2/2RC, 안1) 괄호 안을 마커까지 반복

18단 sm, (겉4, 안1) 괄호 안을 마커까지 반복

루크 코 막음하고 실을 자른다.

[고무단 B]

1단 sm, (겉1, 2/2RC) 괄호 안을 마커까지 반복

2~3단 sm, 마커까지 겉

4단 sm, (안1, 겉4) 괄호 안을 마커까지 반복

5단 sm, (안1, 2/2RC) 괄호 안을 마커까지 반복

6~8단 sm, (안1, 겉4) 괄호 안을 마커까지 반복

9~16단 5~8단 2번 반복

17단 sm, (안1, 2/2RC) 괄호 안을 마커까지 반복

18단 sm, (안1, 겉4) 괄호 안을 마커까지 반복

루크 코 막음하고 실을 자른다.

Chouquette Sweater

슈케트 스웨터

슈케트는 프랑스 전통 디저트로 겉면에 설탕이 뿌려져 있어 달콤한 맛이 특징이에요.
달콤한 디저트의 겉면을 연상시키는 질감으로 만들어진 스웨터입니다.
드롭숄더 형태로, 편안한 착용감을 위해 가슴둘레가 20~30cm 정도 여유롭게 디자인되었습니다.
무늬가 니트 전체에 사용되며, 어깨부터 시작하여 톱다운 형식으로 만들어집니다. 몸통은 겨드랑이를
기준으로 상단은 평면으로 뜨고, 하단은 원형으로 뜨면서 소매는 암홀에서 코를 주워 원형으로 뜹니다.

준비하기

사이즈 1(2)3(4)5(6)

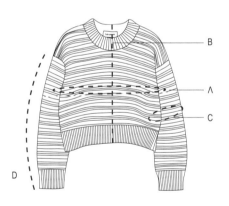

	A	B	C	D
1	100cm	45cm	36cm	45cm
2	109cm	48cm	40cm	45cm
3	120cm	51.5cm	43cm	48cm
4	130cm	55cm	47cm	48cm
5	140cm	58.5cm	49cm	52cm
6	150cm	62cm	53.5cm	52cm

게이지 22코 40단(4mm 대바늘, 10x10cm 슈게트 무늬) *세탁 후

바늘 4mm(케이블 40, 80cm, 장갑바늘 또는 숏팁), 3.75mm(케이블 40cm)

실 4~4.5 mm 대바늘 사용 가능한 실
La Bien Aimée의 Corrie Worsted(230m, 100g) Fluoro morganite 색상
5(6)6(7)7(8)볼/1150(1250)1370(1500)1600(1725)m

그 외 마커 2개, 자투리 실 또는 여분의 케이블(줄바늘), 돗바늘 또는 코바늘

뒤판 오른쪽 어깨

4mm 대바늘을 이용해 37(40)46(52)55(61)코를 만든다.

경사뜨기와 코 늘림으로 뒷목 라인 만들기

준비단(안면) 끝까지 안

1단(겉면) 겉10(10)13(13)16(16), 편물 돌리기

2단(안면) 더블 스티치, 끝까지 안 *더블 스티치 영상 가이드 참고

3단(겉면) 안1, M1RP, 더블 스티치 전까지 안, 안 더블 스티치, 안9(9)12(15)15(18), 편물 돌리기[1코 늘림]

4단(안면) 더블 스티치, 끝까지 안

5단(겉면) 겉1, M1R, 더블 스티치 전까지 겉, 겉 더블 스티치, 겉9(9)12(15)15(18), 편물 돌리기[1코 늘림]

6단(안면) 더블 스티치, 끝까지 안, 감아코 4[4코 늘림, 총 43(46)52(58)61(67)코]

7단(겉면) (겉1, K2tog) 괄호 안을 더블 스티치 전까지 반복, 겉 더블 스티치, (K2tog, 겉1) 괄호 안을 끝까지 반복

8단(안면) 겉1, (M1K, 겉2) 괄호 안을 끝까지 반복 *M1K 영상 가이드 참고

한 뼘 정도의 실을 남기고 자른 후 모든 코를 여분의 실이나 케이블에 옮긴다.

뒤판 왼쪽 어깨

4mm 대바늘을 이용해 37(40)46(52)55(61)코를 만든다.

경사뜨기와 코 늘림으로 뒷목 라인 만들기

1단(겉면) 끝까지 겉

2단(안면) 안10(10)13(13)16(16), 편물 돌리기

3단(겉면) 더블 스티치, 끝까지 겉

4단(안면) 겉1, M1R, 더블 스티치 전까지 겉, 겉 더블 스티치, 겉9(9)12(15)15(18), 편물 돌리기[1코 늘림]

5단(겉면) 더블 스티치, 끝까지 겉

6단(안면) 안1, M1RP, 더블 스티치 전까지 안, 안 더블 스티치, 안9(9)12(15)15(18), 편물 돌리기[1코 늘림]

7단(겉면) 더블 스티치, 끝까지 겉, 감아코 4[4코 늘림, 총 43(46)52(58)61(67)코]

8단(안면) 안3, (P2tog, 안1) 괄호 안을 더블 스티치 전까지 반복, 더블 스티치와 그 다음 코를 함께 P2tog, (안1, P2tog) 괄호 안을 마지막 2코 전까지 반복, 안2

9단(겉면) 안3, (M1P, 안2) 괄호 안을 마지막 3코 전까지 반복, M1P, 안3 *M1P 영상 가이드 참고

한 뼘 정도의 실을 남기고 자르고 뒤판 왼쪽 어깨 코들을 바늘 반대편으로 밀어 겉면을 보고 시작한다.

뒤판 어깨 잇기

겉면 왼쪽 어깨 겉43(46)52(58)61(67), 감아코 24(27)27(27)30(30), 오른쪽 어깨 코들을 케이블에 옮겨 겉면을 보고 겉43(46)52(58)61(67) [총 110(119)131(143)152(164)코]

안면 끝까지 안

겉면 끝까지 겉

안면 끝까지 겉

1단(겉면) 끝까지 겉

2단(안면) 안3, (P2tog, 안1) 괄호 안을 마지막 2코 전까지 반복, 안2

3단(겉면) 안4, (M1P, 안2) 괄호 안을 마지막 1코 전까지 반복, 안1

4~6단 끝까지 안

7단(겉면) 끝까지 겉

8단(안면) 끝까지 안

9단(겉면) (겉1, K2tog) 괄호 안을 마지막 2코 전까지 반복, 겉2

10단(안면) 겉2, (M1K, 겉2) 괄호 안을 끝까지 반복

11단(겉면) 끝까지 겉

12단(안면) 끝까지 안

13~14단 끝까지 겉

1,3,5 사이즈만

1~14단을 추가로 3,4,5번 뜨고, 1~8단을 뜬다(ex. 1사이즈는 1~14단을 추가로 3번 반복한 후 1~8단을 뜬다.)

소매 단면 길이가 18,21,24.5cm가 된다. 소매 폭을 도안과 다르게 하고 싶다면 무늬 1~14단을 유지하며 단수를 조절한다.

한 뼘 정도의 실을 남기고 자른 후 뒤판 모든 코를 여분의 실이나 케이블에 옮긴다.

(2)(4)(6) 사이즈만

1~14단을 추가로 (4)(5)(6)번 뜨고, 1~4단을 뜬다.

소매 단면 길이가 20,23.5,27cm가 된다. 소매 폭을 도안과 다르게 하고 싶다면 무늬 1~14단을 유지하며 단수를 조절한다.

한 뼘 정도의 실을 남기고 자른 후 뒤판 모든 코를 여분의 실이나 케이블에 옮긴다.

왼쪽 앞판

뒤판의 겉면을 보고 왼쪽 어깨 오른쪽 코너에서 시작한다.

4mm 대바늘로 37(40)46(52)55(61)코를 줍는다.

경사뜨기

준비단(안면) 끝까지 안

1단(겉면) 겉10(10)13(13)16(16), 편물 돌리기

2단(안면) 더블 스티치, 끝까지 안

3단(겉면) 더블 스티치 전까지 안, 안 더블 스티치, 안9(9)12(15)15(18), 편물 돌리기

4단(안면) 더블 스티치, 끝까지 안

5단(겉면) 더블 스티치까지 겉, 겉 더블 스티치, 겉9(9)12(15)15(18), 편물 돌리기

6단(안면) 더블 스티치, 끝까지 안

7단(겉면) 겉3, (K2tog, 겉1) 괄호 안을 더블 스티치 전까지 반복, 더블 스티치와 그 다

음 코를 함께 K2tog, (겉1, K2tog) 괄호 안을 마지막 2코 전까지 반복, 겉2

8단(안면) 겉2, (M1K, 겉2) 괄호 안을 마지막 2코 전까지 반복, 겉2

9단(겉면) 끝까지 겉

10단(안면) 끝까지 안

11~12단 끝까지 겉

코 늘림으로 네크라인 만들기

1단(겉면) 끝까지 겉

2단(안면) 안3, (P2tog, 안1) 괄호 안을 마지막 1코 전까지 반복, 안1

3단(겉면) 안3, (M1P, 안2) 괄호 안을 마지막 1코 전까지 반복, 안1

4~6단 끝까지 안

7단(겉면) 끝까지 겉

8단(안면) 끝까지 안

9단(겉면) (겉1, K2tog) 마지막 1코 전까지 반복, 겉1

10단(안면) 겉1, (M1K, 겉2) 괄호 안을 끝까지 반복

늘림 11단(겉면) 겉1, M1L, 끝까지 겉[1코 늘림]

12단(안면) 끝까지 안

13~14단 끝까지 겉

늘림 15단(겉면) 겉1, M1L, 끝까지 겉[1코 늘림]

16단(안면) 안3, (P2tog, 안1) 괄호 안을 끝까지 반복

17단(겉면) 안2, (M1P, 안2) 괄호 안을 마지막 1코 전까지 반복, 안1

18단(안면) 끝까지 안

늘림 19단(겉면) 안1, M1LP, 끝까지 안[1코 늘림]

20단(안면) 끝까지 안

21단(겉면) 끝까지 겉

22단(안면) 끝까지 안

늘림 23단(겉면) 겉1, M1L, (K2tog, 겉1) 괄호 안을 끝까지 반복[1코 늘림]

24단(안면) 겉2, (M1K, 겉2) 괄호 안을 끝까지 반복

늘림 25단(겉면) 겉1, M1L, 끝까지 겉[1코 늘림]

26단(안면) 끝까지 안

늘림 27단(겉면) 겉1, M1L, 끝까지 겉[1코 늘림]

28단(안면) 끝까지 겉

늘림 29단(겉면) 겉1, M1L, 끝까지 겉[1코 늘림]

늘림 30단(안면) 안2, (P2tog, 안1) 괄호 안을 끝까지 반복, 감아코 1[1코 늘림]

늘림 31단(겉면) 안2, M1LP, 안1, (M1P, 안2) 괄호 안을 끝까지 반복[1코 늘림]

늘림 32단(안면) 끝까지 안, 감아코 1[1코 늘림]

늘림 33단(겉면) 안2, M1LP, 끝까지 안[1코 늘림]

늘림 34단(안면) 끝까지 안, 감아코 1[1코 늘림, 총 49(52)58(64)67(73)코]

오른쪽 앞판

뒤판의 앞면을 보고 오른쪽 코너에서 시작한다.

4mm 대바늘로 37(40)46(52)55(61)코를 줍고 실을 자른 후 코들을 바늘 반대편으로 밀어 시작한다.

경사뜨기

1단(겉면) 끝까지 겉

2단(안면) 안10(10)13(13)16(16), 편물 돌리기

3단(겉면) 더블 스티치, 끝까지 겉

4단(안면) 더블 스티치까지 겉, 겉 더블 스티치, 겉9(9)12(15)15(18), 편물 돌리기

5단(겉면) 더블 스티치, 끝까지 겉

6단(안면) 더블 스티치까지 안, 안 더블 스티치, 안9(9)12(15)15(18), 편물 돌리기

7단(겉면) 더블 스티치, 끝까지 겉

8단(안면) 안3, (P2tog, 안1) 괄호 안을 더블 스티치까지 반복, 더블 스티치와 그 다음 코를 함께 P2tog, (안1, P2tog) 괄호 안을 마지막 2코 전까지 반복, 안2

9단(겉면) 안3, (M1P, 안2) 괄호 안을 마지막 3코 전까지 반복, M1P, 안3
실을 자르고 코들을 바늘 반대편으로 옮긴다.

10단(겉면) 끝까지 겉

11단(안면) 끝까지 안

12~13단 끝까지 겉

코 늘림으로 네크라인 만들기

1단(겉면) 끝까지 겉

2단(안면) 안2, (P2tog, 안1) 마지막 2코 전까지 반복, 안2

3단(겉면) 안4, (M1P, 안2) 괄호 안을 끝까지 반복

4~6단 끝까지 안

7단(겉면) 끝까지 겉

8단(안면) 끝까지 안

9단(겉면) (겉1, K2tog) 괄호 안을 마지막 1코 전까지 반복, 겉1

10단(안면) 겉1, (M1K, 겉2) 괄호 안을 끝까지 반복

늘림 11단(겉면) 마지막 1코 전까지 겉, M1R, 겉1[1코 늘림]

12단(안면) 끝까지 안

13~14단 끝까지 겉

늘림 15단(겉면) 마지막 1코 전까지 겉, M1R, 겉1[1코 늘림]

16단(안면) (안1, P2tog) 괄호 안을 마지막 3코 전까지 반복, 안3

17단(겉면) 안4, (M1P, 안2) 괄호 안을 마지막 1코 전까지 반복, M1P, 안1

18단(안면) 끝까지 안

늘림 19단(겉면) 마지막 1코 전까지 안, M1RP, 안1[1코 늘림]

20단(안면) 끝까지 안

21단(겉면) 끝까지 겉

22단(안면) 끝까지 안

늘림 23단(겉면) (겉1, K2tog) 괄호 안을 마지막 1코 전까지 반복, M1R, 겉1[1코 늘림]

24단(안면) 겉2, (M1K, 겉2) 괄호 안을 끝까지 반복

늘림 25단(겉면) 마지막 1코 전까지 겉, M1R, 겉1[1코 늘림]

26단(안면) 끝까지 안

늘림 27단(겉면) 마지막 1코 전까지 겉, M1R, 겉1[1코 늘림]

28단(안면) 끝까지 겉

늘림 29단(겉면) 마지막 1코 전까지 겉, M1R, 겉1, 감아코 1[2코 늘림]

30단(안면) 안4, (P2tog, 안1) 괄호 안을 마지막 2코 전까지 반복, 안2

늘림 31단(겉면) 안4, (M1P, 안2) 괄호 안을 마지막 2코 전까지 반복, 안1, M1RP, 안1, 감아코 1[2코 늘림]

32단(안면) 끝까지 안

늘림 33단(겉면) 마지막 1코 전까지 안, M1RP, 안1, 감아코 1

[2코 늘림, 총 49(52)58(64)67(73)코]

34단(안면) 끝까지 안

앞판 잇기

1단(겉면) 오른쪽 앞판 겉49(52)58(64)67(73), 감아코 12(15)15(15)18(18)코, 왼쪽 앞판 겉49(52)58(64)67(73) [총 110(119)131(143)152(164)코]

2단(안면) 끝까지 안

3단(겉면) (겉1, K2tog) 괄호 안을 마지막 2코 전까지 반복, 겉2

4단(안면) 겉2, (M1K, 겉2) 괄호 안을 끝까지 반복

5단(겉면) 끝까지 겉

6단(안면) 끝까지 안

7~8단 끝까지 겉

1단(겉면) 끝까지 겉

2단(안면) 안3, (P2tog, 안1) 괄호 안을 마지막 2코 전까지 반복, 안2

3단(겉면) 안4, (M1P, 안2) 괄호 안을 마지막 1코 전까지 반복, 안1

4~6단 끝까지 안

7단(겉면) 끝까지 겉

8단(안면) 끝까지 안

9단(겉면) (겉1, K2tog) 괄호 안을 마지막 2코 전까지 반복, 겉2

10단(안면) 겉2, (M1K, 겉2) 괄호 안을 끝까지 반복

11단(겉면) 끝까지 겉

12단(안면) 끝까지 안

13~14단 끝까지 겉

1,3,5 사이즈만

1~14단을 추가로 0,1,2번 뜨고 1~8단을 뜬다.

(2)(4)(6) 사이즈만

1~14단을 추가로 (1)(2)(3)번 뜨고 1~4단을 뜬다.

앞판의 소매 단면 길이가 18(20)21(23.5)24.5(27)cm로 뒤판의 길이와 같다.

몸통

앞판과 뒤판을 연결하고 원형뜨기를 시작한다

1,3,5 사이즈만

1단(겉면) 앞판 Sl1wyb, pm, (K2tog, 겉1) 괄호 안을 앞판의 마지막 1코 전까지 반복, pm, 겉1, 감아코 1, 뒤판 (겉1, K2tog) 괄호 안을 뒤판 마지막 2코 전까지 반복, 겉2, 감아코 1, 앞판 첫코 겉1

2단(안면) sm, 안1, M1P, (안2, M1P) 괄호 안을 마커 1코 전까지 반복, 안1, rm, 안4, (M1P, 안2) 괄호 안을 마커 4코 전까지 반복, M1P, 안4

3단(겉면) sm, Sl1wyb, 마커까지 겉

4~5단 sm, 마커까지 겉

6단(안면) sm, 마커까지 안

(2)(4)(6) 사이즈만

1단(겉면) 앞판 끝까지 안, 감아코 1, 뒤판 끝까지 안, 감아코 1

2단(안면) pm, Sl1wyb, 마커까지 겉

3~4단 sm, 마커까지 겉

5단(겉면) sm, (겉1, K2tog) 괄호 안을 마커까지 반복

6단(안면) sm, (M1P, 안2) 괄호 안을 마커까지 반복

7단(겉면) sm, Sl1wyb, 마커까지 겉

8~9단 sm, 마커까지 겉

10단(안면) sm, 마커까지 안

[바늘에 222(240)264(288)306(330)코가 걸려 있다.]

모든 사이즈

1단(겉면) sm, Sl1wyb, 마커까지 겉

2단(안면) sm, (K2tog, 겉1) 괄호 안을 마커까지 반복

3단(겉면) sm, 안1, (M1P, 안2) 마지막 1코 전까지 반복, M1P, 안1

4단(안면) sm, Sl1wyb, 마커까지 겉

5단(겉면) sm, 마커까지 안

6단(안면) sm, Sl1wyb, 마커까지 겉

7~8단 sm, 마커까지 겉

9단(겉면) sm, (겉1, K2tog) 괄호 안을 마커까지 반복

10단(안면) sm, (M1P, 안2) 괄호 안을 마커까지 반복

11단(겉면) sm, Sl1wyb, 마커까지 겉

12~13단 sm, 마커까지 겉

14단(안면) sm, 마커까지 안

1~14단을 추가로 3(3)4(4)5(5)번 뜨고 1~13단 또는 원하는 총 기장에서 8cm(고무단) 덜 뜬다.

고무단 sm, (K1tbl, 안1) 괄호 안을 마커까지 반복
고무단이 8cm가 될 때까지 반복한다.

루크 코 막음하고 실을 자른다. *영상 가이드 참고

소매

4mm 대바늘로 겨드랑이 아래쪽 코 만든 곳에서 시작해 78(87)93(102)108(117)코를 줍는다.
몸통 앞판과 뒤판의 콧수를 정확히 반씩 분배되도록 유의하고 콧수를 조절하고 싶다면 3의 배수가 되도록 한다.
마커를 걸고 원형뜨기를 시작한다.

1~3단 sm, 마커까지 겉
4단 sm, (겉1, K2tog) 괄호 안을 마커까지 반복
5단 sm, (M1P, 안2) 괄호 안을 마커까지 반복
6단 sm, Sl1wyb, 마커까지 겉
7~8단 sm, 마커까지 겉
9단 sm, 마커까지 안

1단 sm, Sl1wyb, 마커까지 겉
2단 sm, (K2tog, 겉1) 괄호 안을 마커까지 반복
3단 sm, 안1, (M1P, 안2) 괄호 안을 마지막 1코 전까지 반복, M1P, 안1
4단 sm, Sl1wyb, 마커까지 겉
5단 sm, 마커까지 안
6단 sm, Sl1wyb, 마커까지 겉
7~8단 sm, 마커까지 겉
9단 sm, (겉1, K2tog) 괄호 안을 마커까지 반복
10단 sm, (M1P, 안2) 괄호 안을 마커까지 반복
11단 sm, Sl1wyb, 마커까지 겉
12~13단 sm, 마커까지 겉
14단 sm, 마커까지 안

3(4)5(6) 사이즈만

1~14단을 추가로 1(1)2(2)번 뜨고 15단으로 넘어간다.

소매 길이를 도안과 다르게 뜨고 싶다면 이 부분에서 1~14단을 반복해 조절한다.

15단 sm, Sl1wyb, 마커까지 겉
16단 sm, (K2tog, 겉1) 괄호 안을 마커까지 반복
17단 sm, 안1, (M1P, 안2) 괄호 안을 마지막 1코 전까지 반복, M1P, 안1
18단 sm, Sl1wyb, 마커까지 겉
19단 sm, 마커까지 안
줄임 20단 sm, Sl1wyb, K2tog, 마커 2코 전까지 겉, K2tog tbl[2코 줄임]
21~22단 sm, 마커까지 겉
23단 sm, (K2tog, 겉1) 괄호 안을 마커 1코 전까지 반복, 겉1
24단 sm, 안1, (M1P, 안2) 괄호 안을 마커까지 반복

25단 sm, Sl1wyb, 마커까지 겉

26~27단 sm, 마커까지 겉

28단 sm, 마커까지 안

29단 sm, Sl1wyb, 마커까지 겉

30단 sm, (겉1, K2tog) 괄호 안을 마커 1코 전까지 반복, 겉1

31단 sm, (안2, M1P) 괄호 안을 마커 1코 전까지 반복, 안1

32단 sm, Sl1wyb, 마커까지 겉

33단 sm, 마커까지 안

줄임 34단 sm, Sl1wyb, K2tog, 마커 2코 전까지 겉, K2tog tbl[2코 줄임]

35~36단 sm, 마커까지 겉

37단 sm, (겉1, K2tog) 마커 2코 전까지 반복, 겉2

38단 sm, (안2, M1P) 마커 2코 전까지 반복, 안2

39단 sm, Sl1wyb, 마커까지 겉

40~41단 sm, 마커까지 겉

42단 sm, 마커까지 안

43단 sm, Sl1wyb, 마커까지 겉

44단 sm, 겉2, (K2tog, 겉1) 마커까지 반복

45단 sm, 안3, (M1P, 안2) 마지막 1코 전까지 반복, M1P, 안1

46단 sm, Sl1wyb, 마커까지 겉

47단 sm, 마커까지 안

줄임 48단 sm, Sl1wyb, K2tog, 마커 2코 전까지 겉, K2tog tbl[2코 줄임]

49~50단 sm, 마커까지 겉

51단 sm, (겉1, K2tog) 마커까지 반복

52단 sm, (M1P, 안2) 마커까지 반복

53단 sm, Sl1wyb, 마커까지 겉

54~55단 sm, 마커까지 겉

56단 sm, 마커까지 안

15~56단을 1번 추가로 뜨고 15~55단을 1번 더 뜬다.

[현재 소매 길이 37(37)40(40)44(44)cm]

(2)3(6) 사이즈만

준비단 sm, K1tbl, P2tog, (K1tbl, 안1) 괄호 안을 마커까지 반복[1코 줄임]

모든 사이즈

고무단 sm, (K1tbl, 안1) 괄호 안을 마커까지 반복

고무단이 8cm가 될 때까지 뜬다.

루크 코 막음하고 실을 자른다.

목 밴드

3.75mm 대바늘을 사용해 뒷목부터 네크라인을 따라 114(120)120(120)132(132)코(약 1코 당 1코, 3단당 2코)를 줍는다.
마커를 걸고 원형뜨기를 시작한다.

고무단 sm, (K1tbl, 안1) 마커까지 반복
고무단을 총 5cm 뜬다.

sm, 마커까지 안
고무단을 추가로 4.8cm 뜬다.

고무단을 접어서 편물의 안면을 본다. 고무단을 아래로 위치한다. 코바늘을 이용하여 왼쪽 대바늘에 걸린 1개의 코를 겉뜨기로 찔러 넣어 걸러뜨기 하고, 고무단이 시작된 부분의 마주 보는 코를 함께 들어 올려 빼뜨기 한다. 반복해서 모든 코를 코 막음한다. 또는 돗바늘을 사용하여 마주보는 두 코를 함께 봉접해준다.

마무리

실을 정리하고 세탁한다.

Tip 게이지를 위한 슈케트 무늬
3의 배수에 2코를 더한 후 평면뜨기 뜨기 시작한다.
1단(겉면) 끝까지 겉
2단(안면) 겉1, (P2tog, 안1) 괄호 안을 마지막 1코 전까지 반복, 겉1
3단(겉면) 겉1, (M1P, 안2) 괄호 안을 마지막 1코 전까지 반복, 겉1
4~6단 겉1, 마지막 1코 전까지 안, 겉1
7단(겉면) 끝까지 겉
8단(안면) 겉1, 마지막 1코 전까지 안, 겉1
9단(겉면) 겉1, (K2tog, 겉1) 괄호 안을 마지막 1코 전까지 반복, 겉1
10단(안면) (겉2, M1K) 괄호 안을 마지막 2코 전까지 반복, 겉2
11단(겉면) 끝까지 겉
12단(안면) 겉1, 마지막 1코 전까지 안, 겉1
13~14단 끝까지 겉

영상 가이드

더블 스티치
(독일식 경사뜨기)

M1K. M1P

루크
코 막음

Chouquette Sweater

Baguette Sweater

바게트 스웨터

바게트가 어떤 요리와도 잘 어울리는 것처럼 어떤 아웃핏에든 잘 어울리는
베이직한 아란 스웨터입니다. 복잡하지 않은 무늬의 간결한 배치로 깔끔함을 강조했습니다.
톱다운 방식으로 제작되며 전체적으로 무늬가 들어가며 차트를 참조합니다.
어깨 라인을 형성하고 평면뜨기로 겨드랑이 아래까지 뒤판을 뜹니다.
양쪽 어깨에서 코를 주워 네크라인을 만든 후 합치고, 겨드랑이 아래까지 앞판을 뜹니다.
몸통은 앞판과 뒤판을 이어 원형으로 떠내려가고 네크라인에서 코를 주워 겹단 목밴드를 만듭니다.
소매는 암홀에서 코를 주워 무늬를 유지하며 떠내려갑니다.

준비하기

사이즈 1(2)3(4)5(6)

	A	B	C	D
1	107cm	53cm	45cm	37cm
2	118cm	53cm	45cm	40cm
3	127cm	57cm	45cm	41cm
4	138cm	66cm	49cm	45.6cm
5	147cm	66cm	49cm	48cm
6	158cm	66cm	49cm	50cm

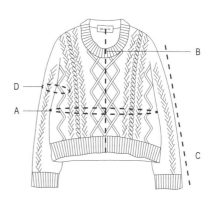

게이지 18코 26단(4.5mm 대바늘, 10x10cm 1코 2단 멍석 무늬) *세탁 후

바늘 4.5mm, 4mm(케이블 40, 80cm, 장갑바늘 또는 숏팁)

실 4~4.5mm 대바늘 사용 가능한 실과 1.5~2.25mm 대바늘 사용 가능한 실 2합
LAMANA의 Como Grande(120m/50g) 42M 라이트 그레이 색상
9(10)10(11)12(13)볼/1030(1130)1180(1300)1390(1490)m
LAMANA의 Premia(300m/25g) 03 실크 그레이 색상
4(4)4(5)5(5)볼/1030(1130)1180(1300)1390(1490)m

그 외 마커 3개, 꽈배기바늘, 스티치 홀더, 자투리 실이나 여분의 케이블(줄바늘), 돗바늘 또는 코바늘

뒤판

4.5mm 대바늘로 30(30)30(34)34(34)코를 만든다.

준비단(안면) [뒤판 차트] 준비단 뜨기

1단(겉면) [뒤판 차트] 1단 뜨기

2단(안면) [뒤판 차트] 2단 뜨기

이어서 차트를 보며 3단부터 시작해 36(41)45(48)52(57)단까지 평면뜨기를 한다.

37(42)46(49)53(58)단 3코 스티치 홀더에 옮기기, [뒤판 차트] 37(42)46(49)53(58)단 뜨기, 3코 스티치 홀더에 옮기기

이어서 [뒤판 차트] 72(78)82(90)94(100)단까지 평면뜨기를 한다.

모든 코를 여분의 실에 옮기고 실을 자른다.

[바늘에 96(106)114(124)132(142)코가 걸려 있다.]

왼쪽 앞판

4.5mm 대바늘로 뒤판 겉면을 보고 왼쪽 어깨에서 36(41)45(48)52(57)코를 줍는다.

*어깨 라인 3코 중 2코가 보이도록 왼쪽 에지의 첫 번째 코와 두 번째 코 사이에 바늘을 찔러 넣어 코를 줍는다(준비단 제외).

준비단(안면) [앞판 차트] 왼쪽 준비단 뜨기

1단(겉면) [앞판 차트] 왼쪽 1단 뜨기

2단(안면) [앞판 차트] 왼쪽 2단 뜨기

이어서 [앞판 차트] 왼쪽을 3단부터 시작해 34(34)34(36)36(36)단까지 평면뜨기를 한다.

한 뼘 정도의 실을 남기고 자른 후 여분의 실이나 케이블에 옮긴다.

오른쪽 앞판

4.5mm 대바늘로 뒤판 겉면을 보고 오른쪽 어깨에서 36(41)45(48)52(57)코를 줍는다.

*어깨 라인 3코 중 2코가 보이도록 오른쪽 에지의 첫 번째 코와 두 번째 코 사이에 바늘을 찔러 넣어 코를 줍는다(준비단 제외).

준비단(안면) [앞판 차트] 오른쪽 준비단 뜨기

1단(겉면) [앞판 차트] 오른쪽 1단 뜨기

2단(안면) [앞판 차트] 오른쪽 2단 뜨기

이어서 [앞판 차트] 오른쪽을 3단부터 시작해 34(34)34(36)36(36)단까지 평면뜨기를 한다.

앞판

35(35)35(37)37(37)단(겉면) 오른쪽 앞판 코를 [앞판 차트] 35(35)35(37)37(37)단 뜨기, 감아코 10(10)10(12)12(12), 이어서 여분의 실에 옮겨 두었던 왼쪽 앞판 코 뜨기

36(36)36(38)38(38)단(안면) [앞판 차트] 36(36)36(38)38(38)단 뜨기

이어서 [앞판 차트] 60(66)70(78)82(88)단까지 뜬다.

몸통

[앞판 차트] 61(67)71(79)83(89)단을 뜬다. 여분의 실에 옮겨뒀던 뒤핀 고들을 바늘에

옮긴 후 [뒤판 차트] 73(79)83(91)95(101)단을 뜬다. 마커를 걸고 원형뜨기를 시작한다. [바늘에 192(212)228(248)264(284)코가 걸려 있다.]

무늬를 유지하며(차트 속 파란 점 선을 기준으로 반복) 추가로 51(45)51(65)61(55)단 즉, 겨드랑이부터 약 20(17.5)20(25)24(21)cm 또는 원하는 길이에서 6cm 덜 뜬다.

고무단 sm, (겉1, 안1) 괄호 안을 마커까지 반복
고무단을 6cm 뜬다.

루크 코 막음하고 실을 자른다. *영상 가이드 참고

목 밴드

4mm 대바늘로 뒷목에서 시작해 네크라인을 따라 1코당 1코, 3단당 2코. 총 84(84)84 (92)92(92)코를 줍는다. 마커를 걸고 원형뜨기를 시작한다.

고무단 sm, (겉1, 안1) 괄호 안을 마커까지 반복
고무단을 총 20단 뜬다.

고무단을 접어서 편물의 안면을 본다. 고무단을 아래로 위치한다. 코바늘을 이용하여 왼쪽 대바늘에 걸린 1개의 코를 겉뜨기로 찔러 넣어 걸러뜨기 하고, 고무단이 시작된 부분의 마주 보는 코를 함께 들어 올려 빼뜨기 한다. 반복해서 모든 코를 코 막음한다. 또는 돗바늘을 사용하여 마주보는 두 코를 함께 봉접해준다.

소매

*주의: 스티치 홀더에 옮겨둔 어깨 라인 3코 중 2코의 모양을 살려 소매 무늬와 이어지게 하므로 제시된 소매 코의 수와 다르게 진행한다면 이점을 주의하여 소매 무늬의 위치를 배치한다. 무늬는 앞판 쪽으로 치우치게 한다.

오른쪽 소매

뒤판 겉면을 보고 겨드랑이 아래부터 시작해서 약 3단당 2코를 줍는다: 뒤판에서 23(25)25(28)28(28)코를 줍는다, pm, 실을 뒤에 두고 스티치 홀더에 두었던 3코를 바늘에 옮긴다, 앞판에서 40(44)46(51)55(59)코를 줍는다, 메인 마커를 걸고 원형뜨기를 시작한다.

준비단 1 마커 5(5)5(6)6(6)코 전까지 멍석뜨기, pm, [소매 차트] 준비단 1단 뜨기(중간에 마커 제거), pm, 마커까지 멍석뜨기
준비단 2 smm, 마커까지 멍석뜨기, sm, [소매 차트] 준비단 2단 뜨기, sm, 마커까지 멍석뜨기

왼쪽 소매

앞판 겉면을 보고 겨드랑이 아래부터 시작해서 약 3단당 2코를 줍는다: 앞판에서 40(44) 46(51)55(59)코를 줍는다, 실을 뒤에 두고 스티치 홀더에 두었던 3코를 바늘에 옮긴다, 뒤판에서 23(25)25(28)28(28)코를 줍는다, 메인 마커를 걸고 원형뜨기를 시작한다.

준비단 1 10(14)16(16)20(24)코 멍석뜨기, pm, [소매 차트] 준비단 1단 뜨기, pm, 마커까지 멍석뜨기

준비단 2 smm, 마커까지 멍석뜨기, sm, [소매 차트] 준비단 2단 뜨기, sm, 마커까지 멍석뜨기

양쪽 소매 모두

[바늘에 66(72)74(82)86(90)코가 있다.]

1~10단 smm, 마커까지 멍석뜨기, sm, [소매 차트] 뜨기, sm, 마커까지 멍석뜨기

11단 줄임단 smm, 멍석 무늬에 맞춰 K2tog 또는 P2tog, 마지막 2코 전까지 [소매 차트] 뜨기, 멍석 무늬에 맞춰 K2tog 또는 P2tog[2코 줄임]

11단마다 줄임단을 뜨며 소매를 뜬다(차트 속 파란 점선을 기준으로 반복).
총 9(9)9(10)10(10)번의 줄임단, 약 39(39)39(43)43(43)cm 또는 원하는 길이에서 6cm 짧게 뜬다.

고무단 sm, (겉1, 안1) 괄호 안을 마커까지 반복
고무단을 6cm 뜬다.

루크 코 막음하고 실을 자른다.

마무리

실을 정리하고 세탁한다.

Tip 게이지를 위한 1코 2단 멍석뜨기
짝수로 코를 만들고 평면뜨기를 시작한다.
1단(겉면) (겉1, 안1) 괄호 안을 반복
2단(안면) (겉1, 안1) 괄호 안을 반복
3단(겉면) (안1, 겉1) 괄호 안을 반복
4단(안면) (안1, 겉1) 괄호 안을 반복
1~4단 반복

영상 가이드

루크 코 막음

Baguette Sweater

[뒤판 차트] 1,2,3 사이즈

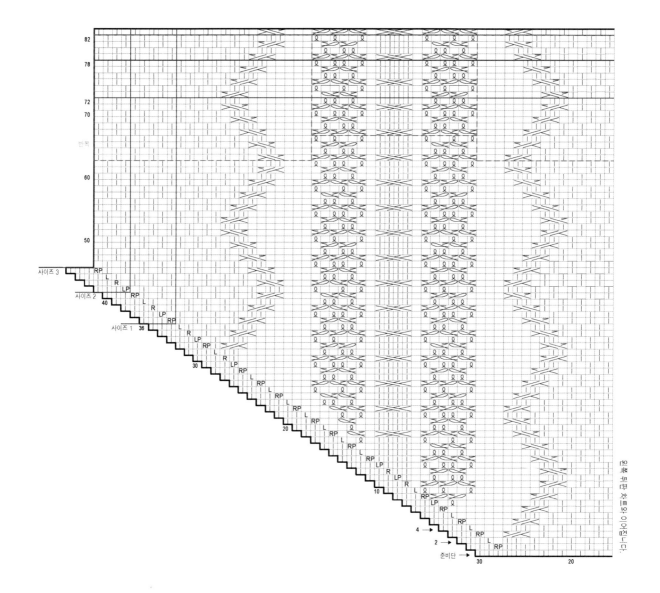

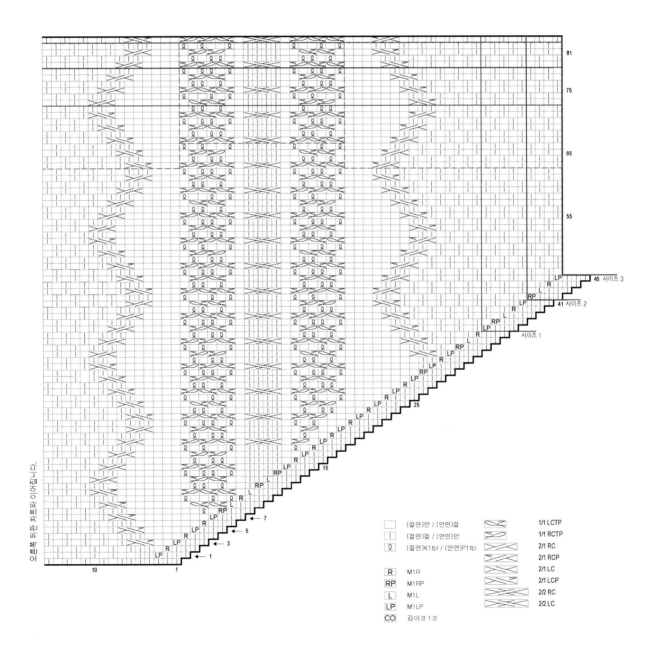

어른쪽 뒤판 차트와 이어집니다.

	(겉면)안 / (안면)겉		1/1 LCTP
I	(겉면)겉 / (안면)안		1/1 RCTP
Ω	(겉면)K1tbl / (안면)P1tbl		2/1 RC
			2/1 RCP
R	M1R		2/1 LC
RP	M1RP		2/1 LCP
L	M1L		2/2 RC
LP	M1LP		2/2 LC
CO	감아코 1코		

사이즈 3 45
사이즈 2 41
사이즈 1

[앞판 차트] 1,2,3 사이즈

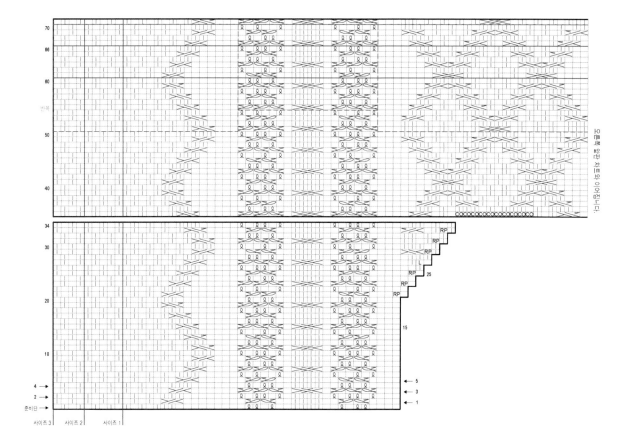

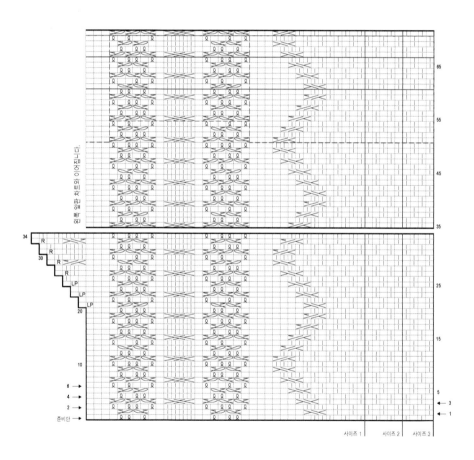

[뒤판 차트] 4,5,6 사이즈

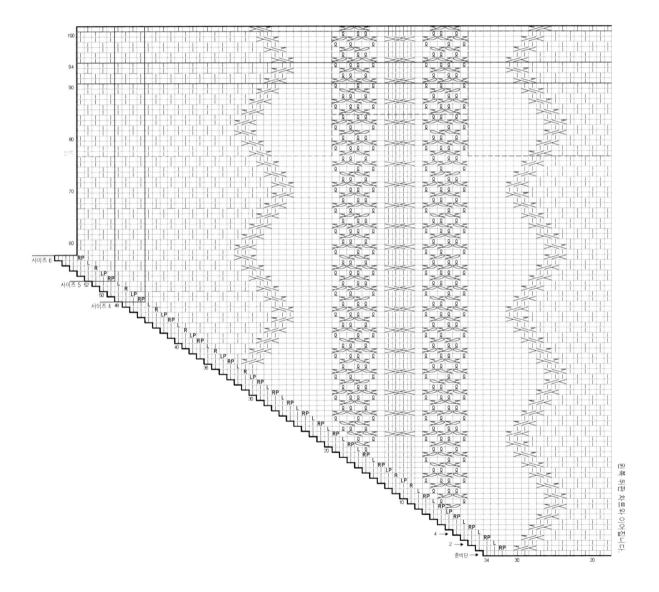

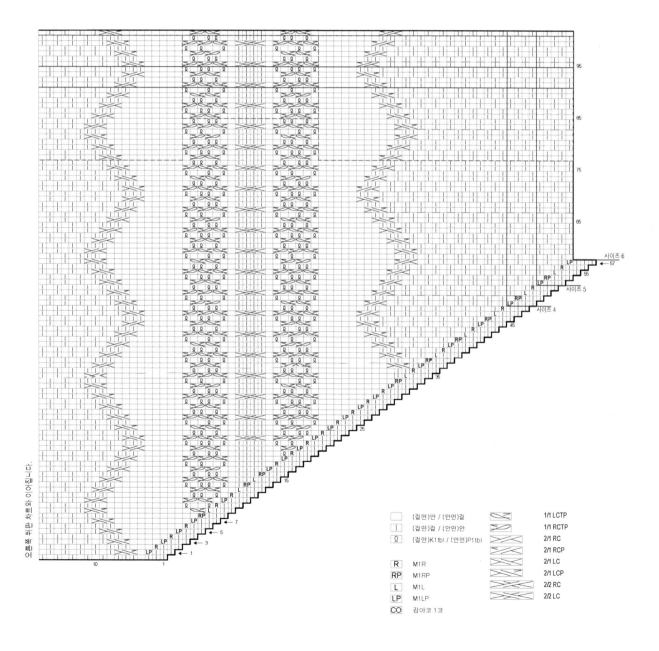

[앞판 차트] 4,5,6 사이즈

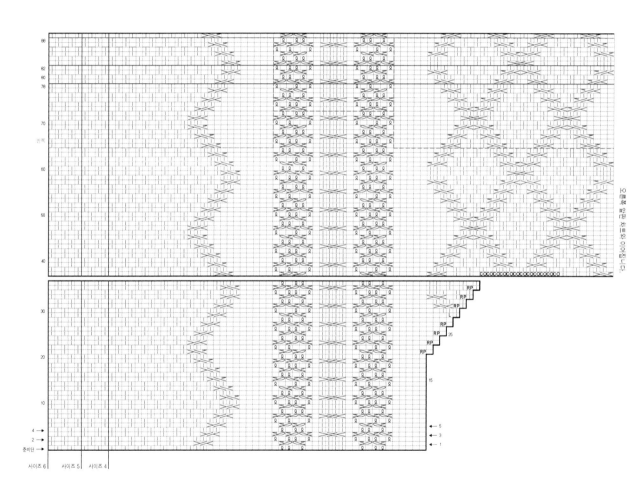

153

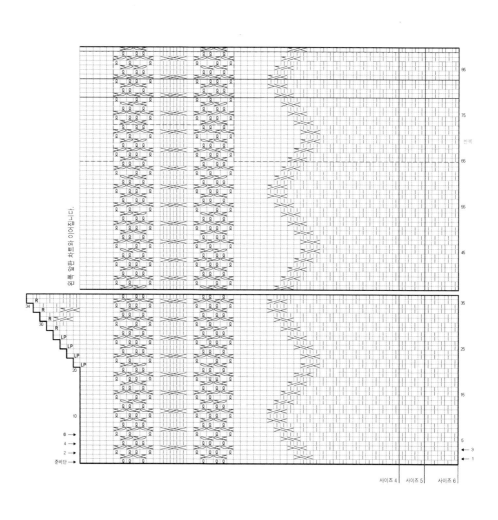

	(겉면)안 / (안면)겉			1/1 LCTP
	(겉면)겉 / (안면)안			1/1 RCTP
Q	(겉면)K1tbl / (안면)P1tbl			2/1 RC
				2/1 RCP
R	M1R			2/1 LC
RP	M1RP			2/1 LCP
L	M1L			2/2 RC
LP	M1LP			2/2 LC
CO	감아코 1코			

154

[소매 차트] 1,2,3 사이즈

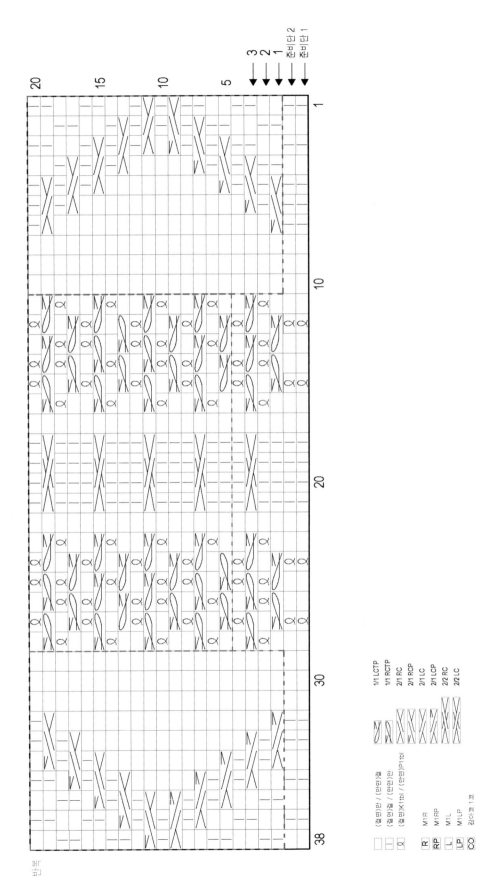

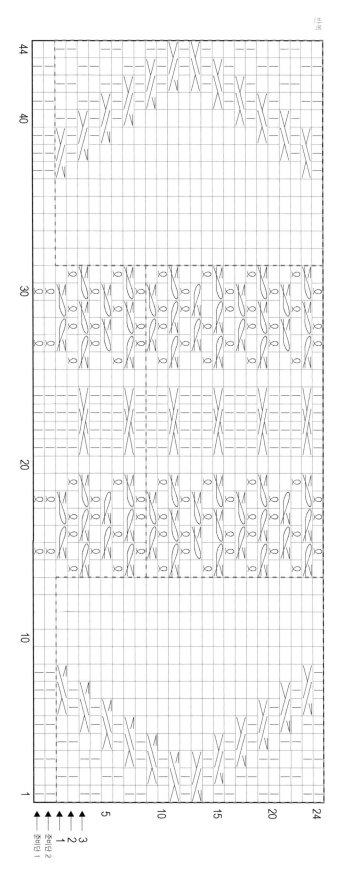

[소매 차트] 4,5,6 사이즈

Christstollen Cardigan
슈톨렌 카디건

고급스러운 숄 칼라가 돋보이는 슈톨렌 카디건은 눈 내리는 겨울 풍경을 연상시키는
트렌디한 오버핏 디자인입니다. 주 색상은 울실을, 대비 색상은 풍성한 질감의 실크 모헤어를 사용해
무늬에 입체감을 더했습니다. 보텀업 방식으로 제작되며, 메리야스 배색 무늬로
전체적인 패턴을 만듭니다. 앞판 중앙과 암홀에 스틱 코를 추가해 배색 작업이 용이하고,
이는 나중에 형태를 잡는 데 활용됩니다. 몸통을 완성한 후 스틱 기법을 사용해 몸통 앞부분과
암홀 부분의 스틱 코 중간을 기준으로 자르고 앞뒤 어깨를 연결합니다. 그 다음 앞섶에 고무단을 뜨면서
단춧구멍을 만들고, 칼라를 떠줍니다. 소매는 팔목에서 시작해 원형으로 떠올라가며
다 뜬 후 암홀에 이어줍니다. 마지막으로 단추를 달고 세탁하여 카디건을 완성합니다.

준비하기

사이즈 1(2) *소매 길이 3가지씩

	A	B	C	D
			38cm	
1	117cm	45cm	41cm	38cm
			44cm	
			38cm	
2	155cm	53cm	41cm	48cm
			44 cm	

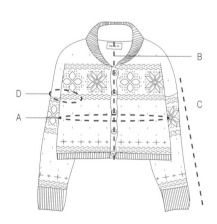

게이지 22코 27단(4.5mm 대바늘, 10x10cm 메리야스 배색 무늬) *세탁 후

바늘 4.5mm, 4mm(케이블 40, 80cm, 장갑바늘 또는 숏팁)

실 4~4.5mm 대바늘 사용 가능한 두 가지 색
Biches&Bûches의 Le Lambswool(170m/50g)
MC Off-white 색상, 7(9)볼/1150(1500)m
Biches&Bûches의 Le Gros Silk&Mohair(147m/50g)
CC Medium blue 색상, 2(3)볼/250(330)m

그 외 마커14개, 자투리 실이나 여분의 케이블(줄바늘), 돗바늘, 단추(지름 2cm) 5~7개

몸통

MC 실과 4mm 대바늘로 독일식 코 만들기 기법을 이용해 254(338)코를 느슨하게 만든다 *영상 가이드 참고

고무단

1단(겉면) (겉1, 안1) 괄호 안을 끝까지 반복

2단(안면) (겉1, 안1) 괄호 안을 끝까지 반복

1~2단을 추가로 2번 반복해 고무단이 2.5cm가 되도록 뜬다. 감아코 2코

4.5mm 대바늘로 바꾸고 겉면을 보고 원형뜨기로 배색뜨기 한다(MC, CC).

*주의: 스틱코는 2개 색상의 실을 번갈아 뜬다. 메인 마커는 앞판 스틱코 가운데 있다. (MC, CC, MC, 메인 마커, CC, MC) 배색이 없는 단의 스틱코는 MC 실로 메리야스 무늬를 뜬다. 그리고 배색이 없는 부분과 배색이 있는 부분의 게이지 차이가 있다면 배색 없는 단만 4mm 대바늘로 바꿔 뜬다.

배색 1 [차트 A]

1단 겉1(MC), 겉1(CC), 겉1(MC)[*앞에 3코가 스틱 3코], pm, [차트 A] 1단 뜨기(1~4코를 63(84)번 반복), pm, 겉1(MC), 감아코 1[*앞에 2코가 스틱 2코], pmm

2단 원형뜨기 시작, 겉1(MC), 겉1(CC), 겉1(MC)[*앞에 3코가 스틱 3코], sm, [차트 A] 2단 뜨기, sm, 겉1(MC), 겉1(CC)[*앞에 2코가 스틱 2코]

3단 smm, 스틱 3코, sm, [차트 A] 3단 뜨기, sm, 스틱 2코

같은 방식으로 [차트 A] 6단까지 뜬다.

배색 2 [차트 B]

1단 smm, 스틱 3코, sm, [차트 B] 1단 뜨기(1~14코를 18(24)번 반복), sm, 스틱 2코

2단 smm, 스틱 3코, sm, [차트 B] 2단 뜨기, sm, 스틱 2코

[차트 B] 14단까지 뜬다.

배색 3 [차트 C]

1단 smm, 스틱 3코, sm, [차트 C] 1단 뜨기(1~14코를 18(24)번 반복), sm, 스틱 2코

2단 smm, 스틱 3코, sm, [차트 C] 2단 뜨기, sm, 스틱 2코

같은 방식으로 [차트 C] 17단까지 뜬다.

2단에서 17단까지 1번 더 뜬다. 이때 몸통 길이 조절을 위해 이 부분을 더 또는 덜 뜬다.

1사이즈만

이어서 [차트 C] 18~22단을 뜬다.

MC 실로 암홀을 위한 스틱코를 감아코로 추가한다: smm, 스틱 3코, sm, 겉63(오른쪽 앞판), pm, 감아코 5, pm, 겉126(뒤판), pm, 감아코 5, pm, 겉63(왼쪽 앞판), sm, 스틱 2코

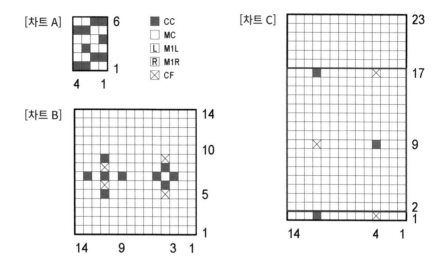

2사이즈만

[차트 C] 2~11단을 1번 더 뜬다.

MC 실로 암홀을 위한 스틱코를 감아코로 추가한다: smm, 스틱 3코, sm, 겉84(오른쪽 앞판), pm, 감아코 5, pm,겉168(뒤판), pm, 감아코 5, pm, 겉84(왼쪽 앞판), sm, 스틱 2코

이어서 스틱코를 떠주며 [차트 C] 13~23단을 뜬다.

배색 4 [차트 A]

1단 smm, 스틱 3코, sm, 마커까지 [차트 A] 1단 뜨기, sm, 스틱 5코, sm, 마커까지 [차트 A] 1단 뜨기, sm, 스틱 5코, sm, 마커까지 [차트 A] 1단 뜨기, sm, 스틱 2코

2단 smm, 스틱 3코, sm, 마커까지 [차트 A] 2단 뜨기, sm, 스틱 5코, sm, 마커까지 [차트 A] 2단 뜨기, sm, 스틱 5코, sm, 마커까지 [차트 A] 2단 뜨기, sm, 스틱 2코

이어서 [차트 A] 6단까지 뜬다

배색 5 [차트 D]

1단 smm, 스틱 3코, sm, [차트 D] 1단 뜨기(1~42코를 6(8)번 반복, 중간에 스틱코가 나오면 뜨던대로), sm, 스틱 2코

2단 smm, 스틱 3코, sm, [차트 D] 2단 뜨기, sm, 스틱 2코

이어서 [차트 D] 25단까지 뜬다.

배색 6 [차트 A]

[차트 A] 1~6단을 뜬다.

[차트 D]

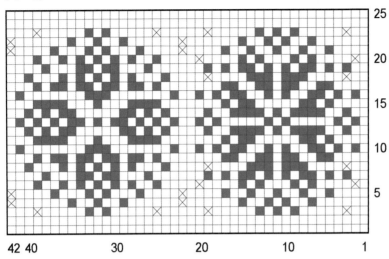

1사이즈만

MC 실로 겉뜨기 1단을 뜬다.

2사이즈만

MC 실로 겉뜨기 3단을 뜬다.

모든 사이즈

몸통 가운데 스틱 5코 덮어씌워 코 막음(MC):

1단 smm, 메인 마커 2코 전까지 겉, rm, 2코 덮어씌워 코 막음

2단 rmm, 다음 마커 제거하며 3코 덮어씌워 코 막음, 끝까지 겉

평면뜨기 시작하며 네크라인 만들기(MC)

*다음은 코 막음 없이 경사뜨기와 코 늘림을 이용해 네크라인을 만드는 방법이다. 이 방법을 사용하면 따로 코를 줍지 않고 칼라를 뜰 수 있어 깔끔한 네크라인을 완성할 수 있다.

1단(안면) 마지막 6코 전까지 안(중간에 스틱코는 MC로 안5), RLIP(코 늘린 후 늘림에 사용된 다음 코는 뜨지 않는다), 편물 돌리기[1코 늘림]

2단(겉면) 왼쪽 바늘에 있는 방금 늘린 코를 겉, pm, 마지막 6코 전까지 겉(중간에 스틱코는 MC로 겉5), RLI(코 늘린 후 늘림에 사용된 다음 코는 뜨지 않는다), 편물 돌리기[1코 늘림]

3단(안면) 왼쪽 바늘에 있는 방금 늘린 코를 안, pm, 마커까지 안, sm, 스틱 5코, sm, 마커까지 안, sm, 스틱 5코, sm, 마커 5코 전까지 안, RLIP, 편물 돌리기[1코 늘림]

배색 4단(겉면, MC&CC) 왼쪽 바늘에 있는 방금 늘린 코를 겉, pm,[차트 C] 9단을 참고하여 같은 위치에 CC 겉1, MC 겉13을 반복해 배색뜨기, sm, 스틱 5코, sm, 마커까지 배색뜨기, sm, 스틱 5코, sm, 마커 5코 전까지 배색뜨기, RLI, 편물 돌리기[1코 늘림]

5단(안면) 왼쪽 바늘에 있는 방금 늘린 코를 안, pm, 마커까지 안, sm, 스틱 5코, sm, 마커까지 안, sm, 스틱 5코, sm, 마커 4코 전까지 안, RLIP, 편물 돌리기[1코 늘림]

6단(겉면) 왼쪽 바늘에 있는 방금 늘린 코를 겉, pm, 마커까지 겉, sm, 스틱 5코, sm,

마커까지 겉, sm, 스틱 5코, sm, 마커 4코 전까지 겉, RLI, 편물 돌리기[1코 늘림]

7단(안면) 왼쪽 바늘에 있는 방금 늘린 코를 안, pm, 마커까지 안, sm, 스틱 5코, sm, 마커까지 안, sm, 스틱 5코, sm, 마커 3코 전까지 안, RLIP, 편물 돌리기[1코 늘림]

8단(겉면) 왼쪽 바늘에 있는 방금 늘린 코를 겉, pm, 마커까지 겉, sm, 스틱 5코, sm, 마커까지 겉, sm, 스틱 5코, sm, 마커 3코 전까지 겉, RLI, 편물 돌리기[1코 늘림]

9단(안면) 왼쪽 바늘에 있는 방금 늘린 코를 안, pm, 마커까지 안, sm, 스틱 5코, sm, 마커까지 안, sm, 스틱 5코, sm, 마커 2코 전까지 안, RLIP, 편물 돌리기[1코 늘림]

10단(겉면) 왼쪽 바늘에 있는 방금 늘린 코를 겉, pm, 마커까지 겉, rm, 다음 마커 제거하며 스틱 덮어씌워 코 막음, 마커까지 겉, 편물 돌리기

뒤판

1단(안면) 마지막 10코 전까지 안, 편물 돌리기

2단(겉면) 더블 스티치, 마지막 10코 전까지 겉, 편물 돌리기

*더블 스티치 영상 가이드 참고

3단(안면) 더블 스티치, 더블 스티치 10코 전까지 안, 편물 돌리기

4단(겉면) 더블 스티치, 더블 스티치 10코 전까지 겉, 편물 돌리기

1사이즈만

5~6단 3~4단 반복

7단(안면) 더블 스티치, (더블 스티치까지 안, 안 더블 스티치) 괄호 안 3번 반복, 마지막 코까지 안

8단(겉면) 뒤판 모든 코 빡빡하지 않게 덮어씌워 코 막음(중간에 더블 스티치는 겉 더블 스티치)

2사이즈만

5~10단 3~4단 3번 반복

11단(안면) 더블 스티치, (더블 스티치까지 안, 안 더블 스티치) 괄호 안 5번 반복, 마지막 코까지 안

12단(겉면) 뒤판 모든 코 빡빡하지 않게 덮어씌워 코 막음(중간에 더블 스티치는 겉 더블 스티치)

왼쪽 앞판

1단(겉면) rm, 다음 마커 제거하며 스틱 5코 덮어씌워 코 막음, 마커 2코 전까지 겉, RLI, 편물 돌리기[1코 늘림]

2단(안면) 왼쪽 바늘에 있는 방금 늘린 코를 안, pm, 마지막 10코 전까지 안, 편물 돌리기

3단(겉면) 더블 스티치, 마커 1코 전까지 겉, RLI, 편물 돌리기[1코 늘림]

4단(안면) 방금 늘린 코를 안, pm, 더블 스티치 10코 전까지 안, 편물 돌리기

5단(겉면) 더블 스티치, 마커까지 겉, rm, RLI, 편물 돌리기[1코 늘림]

6단(안면) 방금 늘린 코를 안, pm, 더블 스티치 10코 전까지 안, 편물 돌리기

7단(겉면) 더블 스티치, 마커까지 겉, rm, RLI, 편물 돌리기[1코 늘림]

1사이즈만

8단(안면) 왼쪽 바늘에 있는 방금 늘린 코를 안, pm, (더블 스티치까지 안, 안 더블 스티치) 괄호 안 3번 반복, 끝까지 안

2사이즈만

8~11단 4~7단 반복

12단(안면) 왼쪽 바늘에 있는 방금 늘린 코를 안, pm, (더블 스티치까지 안, 안 더블 스티치) 괄호 안 5번 반복, 끝까지 안

모든 사이즈

겉면 마커 전까지 모든 코 덮어씌워 코 막음하고 실을 자른다. 네크라인에 있는 코들은 그대로 자투리 실이나 여분의 케이블에 옮겨 두고 오른쪽 앞판 작업을 시작한다.

오른쪽 앞판

1단(안면) 마커 1코 전까지 안, RLIP, 편물 돌리기[1코 늘림]

2단(겉면) 왼쪽 바늘에 있는 방금 늘린 코를 겉, pm, 마지막 10코 전까지 겉, 편물 돌리기

3단(안면) 더블 스티치, 마커까지 안, rm, RLIP, 편물 돌리기[1코 늘림]

4단(겉면) 왼쪽 바늘에 있는 방금 늘린 코를 겉, pm, 더블 스티치 10코 전까지 겉, 편물 돌리기

5단(안면) 더블 스티치, 마커까지 안, rm, RLIP, 편물 돌리기[1코 늘림]

6단(겉면) 왼쪽 바늘에 있는 방금 늘린 코를 겉, pm, 더블 스티치 10코 전까지 겉, 편물 돌리기

1사이즈만

7단(안면) 더블 스티치, 마커까지 안, rm, 편물 돌리기

2사이즈만

7~10단 3~6단 반복

11단(안면) 더블 스티치, 마커까지 안, rm, 편물 돌리기

모든 사이즈

모든 코를 덮어씌워 코 막음하고(중간에 더블 스티치는 겉 더블 스티치) 오른쪽 바늘에 있는 네크라인 코들은 자투리 실이나 여분의 케이블에 옮기고 실을 자른다.

앞섶과 암홀 스틱코 자르기

앞판 가운데, 암홀 두 군데에 있는 스틱코 가운데를 기준으로 편물을 자른다.

*영상 가이드 참고

어깨선 잇기

돗바늘을 이용하여 양쪽 어깨를 이어준다. *영상 가이드 참고

버튼밴드

왼쪽 앞판

4mm 대바늘 이용해 앞섶에 코를 4단당 3코 줍는다. 코를 주울 때는 스틱코를 제외하고 첫코 가운데를 찔러 넣어 줍는다.

1단 (겉1, 안1) 괄호 안을 반복해 1코 고무단 뜨기

2~6단 첫 코 걸러뜨기(겉뜨기 차례엔 Sl1wyb, 안뜨기 차례엔 Sl1wyf), 1코 고무단 뜨기

아이슬란드식 코 막음하고 실을 자른다. *영상 가이드 참고

오른쪽 앞판

오른쪽 앞판 밑부터 네크라인 직전까지 5~7개 또는 원하는 수의 단추를 같은 간격을 두고 마커로 표시한다.
앞섶에 코를 4단당 3코 줍는다.

1단 1코 고무단 뜨기

2~3단 첫 코 걸러뜨기, 1코 고무단 뜨기

4단 첫 코 걸러뜨기, 1코 고무단을 뜨면서 단춧구멍 만들 위치에서 겉뜨기 차례면 K2tog, yo, 안뜨기 차례면 P2tog, yo

5~6단 첫 코 걸러뜨기, 1코 고무단 뜨기

아이슬란드식 코 막음하고 실을 자른다.

칼라

4mm 대바늘 이용해 오른쪽 앞판 버튼밴드 위에서 4코 줍고 실을 자른다. 오른쪽 앞판 네크라인 코를 바늘에 옮긴다. 어깨 이음선 쪽에서 1코 줍고, 뒷목에서 1코당 1코 줍는다. 그리고 어깨 이음선 쪽에서 1코를 더 줍고 실을 자른다. 왼쪽 앞판 네크라인 코를 바늘에 옮기고 왼쪽 앞판 버튼밴드 위에서 3코를 줍는다. 전체 콧수가 홀수여야 한다.

칼라의 겉면(편물 안면) 겉1, (안1, 겉1) 괄호 안을 반복해 1코 고무단 뜨기. 이 단에서만 앞판 네크라인에 있던 코들은 겉뜨기 차례엔 겉뜨기 대신 겉 꼬아뜨기(코 늘어짐 방지)
칼라의 안면(편물 겉면) 안1, (겉1, 안1) 괄호 안을 반복해 1코 고무단 뜨기
4cm 될 때까지 1코 고무단 뜨기(약 10단)를 한다.

1단(겉면) SSK, 마지막 2코 전까지 1코 고무단 뜨기, K2tog
2단(안면) 안1, 마지막 1코 전까지 1코 고무단 뜨기, 안1
3단(겉면) 겉1, 마지막 1코 전까지 1코 고무단 뜨기, 겉1
4단(안면) 안1, 마지막 1코 전까지 1코 고무단 뜨기, 안1
5~8단 1~4단 반복
9~18단 1~2단을 5번 반복

19단(겉면) SSK, 마지막 2코 전까지 1코 고무단 뜨기, K2tog
20단(안면) P2tog, 마지막 2코 전까지 1코 고무단 뜨기, P2tog tbl
21~34단 19~20단 7번 반복

35단(겉면) SSSK, 마지막 3코 전까지 1코 고무단 뜨기, K3tog
36단(안면) P3tog, 마지막 3코 전까지 1코 고무단 뜨기, P3tog tbl
37~40단 35~36단 2번 반복

마무리 4번째 코가 겉뜨기 코일 때

겉면 SSSK, (겉1, 덮어씌워 코 막음, K2tog, 덮어씌워 코 막음, 안1, 덮어씌워 코 막음) 괄호 안을 마지막 3코 전까지 반복, K3tog, 덮어씌워 코 막음하고 실을 자른다.

마무리 4번째 코가 안뜨기 코일 때

겉면 SSSK, (안1, 덮어씌워 코 막음, 겉1, 덮어씌워 코 막음, K2tog, 덮어씌워 코 막음) 괄호 안을 마지막 3코 전까지 반복, K3tog, 덮어씌워 코 막음하고 실을 자른다.

소매

MC 실과 4mm 대바늘로 60(80)코를 빡빡하지 않게 만든다.
마커를 걸고 원형뜨기를 시작한다.
고무단 sm, (겉1, 안1) 괄호 안을 마커까지 반복
고무단을 8cm가 되도록 뜬다.

4.5mm 대바늘로 바꿔 [소매 차트] 1단부터 마지막 단까지 뜬다(S,M,L 중 원하는 길이 선택).
덮어씌워 코 막음하고 실을 자른다.

몸통에 소매 잇기

양쪽 소매를 돗바늘을 이용해 몸통 암홀에 이어준다. 몸통 6단마다 소매 5코를 이어준다.
잇기 전에 편물을 세탁 또는 스팀을 주면 작업이 편하다.
*영상 가이드 참고

마무리

실을 정리하고 세탁한다.
단추를 달아준다.

영상 가이드

독일식
코 만들기

더블 스티치
(독일식 경사뜨기)

스틱코
자르기

어깨선
잇기

아이슬란드식
코 막음

몸통에
소매 잇기

배색뜨기 중
늘어진 코 잡기

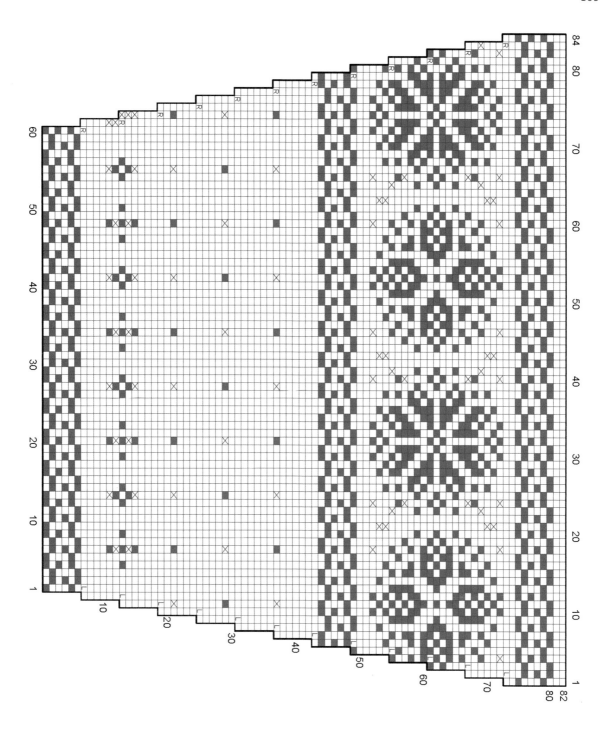

[소매 차트] 1S 사이즈 38cm

CC
MC
M1L
M1R
CF

[소매 차트 A] 1M 사이즈 41cm

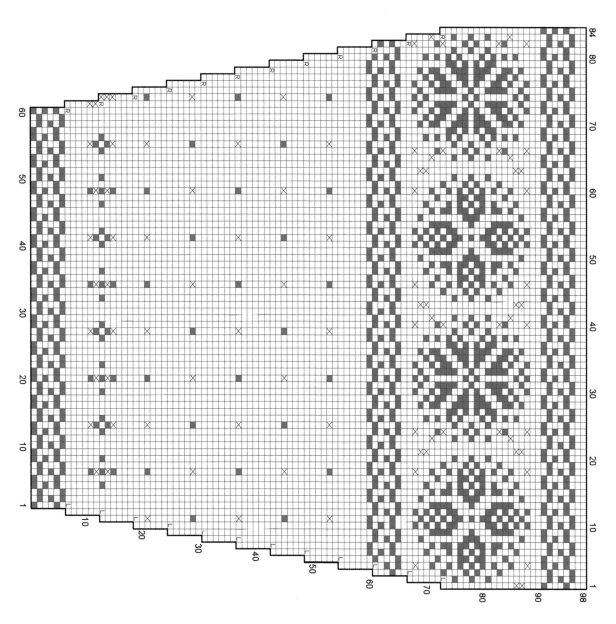

	CC
□	MC
L	M1L
R	M1R
⊠	CF

[소매 차트] 1L 사이즈 44cm

[소매 차트 A] 2S 사이즈 38cm

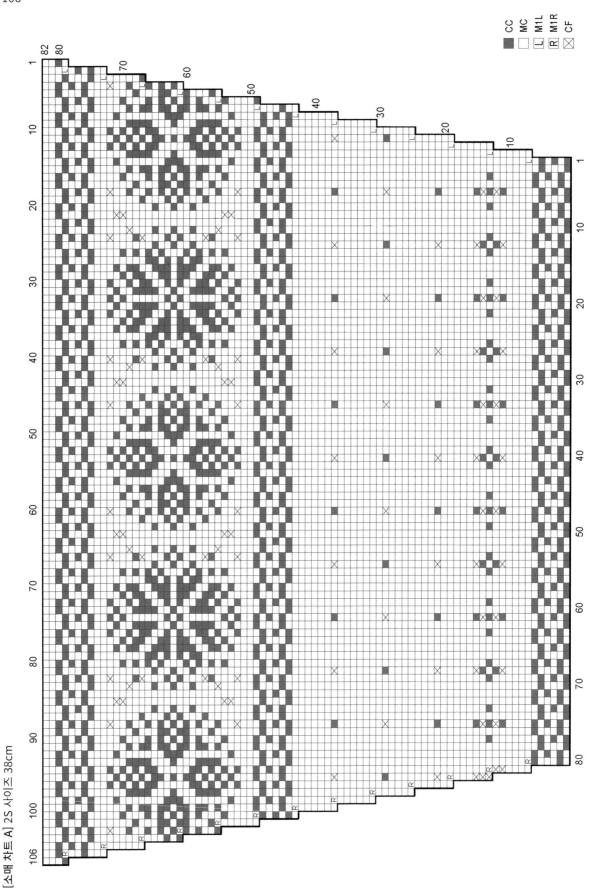

CC
MC
M1L
M1R
CF

169

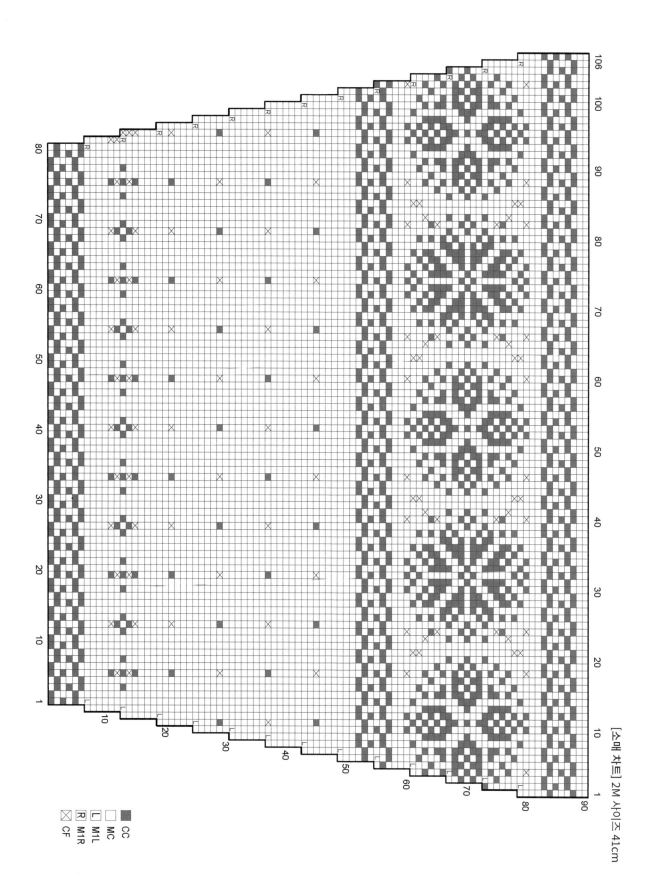

[소매 차트] 2M 사이즈 41cm

CC
MC
L M1L
R M1R
CF

[소매 차트 A] 2L 사이즈 44cm

CC
MC
M1L L
M1R R
CF ⊠

Christstollen Cardigan

Christstollen Sweater

슈톨렌 스웨터

슈톨렌 스웨터는 카디건의 풀오버 버전으로, 동일한 디자인 요소를 유지하며
구조가 더 단순합니다. 카디건과 마찬가지로 보텀업 방식으로 제작되지만,
앞판을 자르기 위한 스틱코나 단춧구멍이 필요 없어 작업 과정이 간소화됩니다.
몸통을 완성한 후 스틱 기법으로 암홀 부분의 스틱코 중간을 기준으로 자르고 앞뒤 어깨를 연결합니다.
그 다음 칼라를 떠주고, 팔목에서 시작해 원형으로 소매를 떠올라가며 다 뜬 후 암홀에 이어줍니다.

준비하기

사이즈 1(2)3(4)

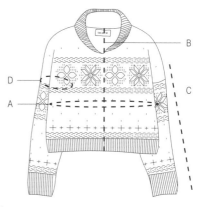

	A	B	C	D
1	95cm	52cm		38cm
2	115cm	52cm	S 38cm M 41cm L 44cm	38cm
3	134cm	52cm		38cm
4	153cm	60cm		48cm

게이지 22코 27단(4.5mm 대바늘, 10x10cm 메리야스 배색 무늬) *세탁 후

바늘 4.5mm, 4mm(케이블 40, 80cm, 장갑바늘 또는 숏팁)

실 4~4.5mm 대바늘 사용 가능한 두 가지 색

Biches&Bûches의 Le Lambswool(170m/50g)

MC Medium grey 색상, 7(8)9(10)볼/1150(1295)1420(1680)m

Biches&Bûches의 Le Gros Silk&Mohair(147m/50g)

CC Soft green grey 색상, 2(2)2(3)볼/225(250)275(330)m

그 외 마커 14개, 자투리 실이나 여분의 케이블(줄바늘), 돗바늘

몸통

MC 실과 4mm 대바늘로 독일식 코 만들기 기법을 이용해 210(252)294(336)코를 느슨하게 만든다. *영상 가이드 참고
메인 마커를 걸고 원형뜨기를 시작한다.
고무단 sm, (겉1, 안1) 괄호 안을 마커까지 반복
고무단이 총 7cm 또는 원하는 길이가 되도록 뜬다.

4.5mm 대바늘로 바꾸고 배색뜨기를 시작한다(MC, CC).
*주의: 배색이 없는 부분과 배색이 있는 부분의 게이지 차이가 있다면 배색 없는 단만 4mm 대바늘로 바꿔 뜬다.

배색 1 [차트 A]

1단 sm, 마커까지 [차트 A] 1단 뜨기(1~4코를 52.5(63)73.5(84)번 반복)
*주의: 0.5코는 4코 중 2코까지 반복
2단 sm, 마커까지 [차트 A] 2단 뜨기
같은 방식으로 [차트 A]를 6단까지 뜬다.

배색 2 [차트 B]

1단 sm, 마커까지 [차트 B] 1단 뜨기(1~14코를 15(18)21(24)번 반복)
2단 sm, 마커까지 [차트 B] 2단 뜨기
[차트 B]를 14단까지 뜬다.

배색 3 [차트 C]

1단 sm, 마커까지 [차트 C] 1단 뜨기(1~14코를 15(18)21(24)번 반복)
2단 sm, 마커까지 [차트 C] 2단 뜨기
[차트 C]를 17단까지 뜬다.

1(2)3 사이즈만

[차트 C] 2단에서 17단까지 1번 더 뜬다. 이때 몸통 길이를 조절을 위해 이 부분을 더 또는 덜 떠준다.
이어서 18~24단을 뜬다.

(4) 사이즈만

[차트 C] 2~17단을 추가로 2번 더 뜬다. 이때 몸통 길이를 조절을 위해 이 부분을 더 또는 덜 떠준다.
이어서 18단을 뜨고 나서 19단을 뜨며 MC로 암홀을 위한 스틱코를 감아코로 추가한다:
sm, 감아코 5, pm, 겉168, pm, 감아코 5, pm, 겉168
이어서 20~24단을 뜬다.
스틱 5코: 2개의 실을 번갈아 뜬다. 겉1(MC), 겉1(CC), 겉1(MC), 겉1(CC), 겉1(MC)
배색이 없는 단의 스틱코는 MC 실로 메리야스 무늬로 뜬다.

배색 4 [차트 A]

1(2)3 사이즈만

[차트 A] 1~6단을 뜬다.

4 사이즈만

1단 (sm, 스틱 5코, sm, 마커까지 [차트 A] 1단 뜨기) 괄호 안 2번 반복
2단 (sm, 스틱 5코, sm, 마커까지 [차트 A] 2단 뜨기) 괄호 안 2번 반복
이어서 [차트 A] 6단까지 뜬다.

배색 5 [차트 D]

1(2)3 사이즈만

[차트 D] 1단을 뜨며 MC 실로 암홀을 위한 스틱코를 감아코로 추가한다:
sm, 감아코 5, pm, 겉105(126)147, pm, 감아코 5, pm, 겉105(126)147
스틱코 5코: 2개의 실을 번갈아 떠준다. 겉1(MC), 겉1(CC), 겉1(MC), 겉1(CC), 겉1(MC)
배색이 없는 단의 스틱코는 MC 실로 메리야스 무늬를 뜬다.

2단 (sm, 스틱 5코, sm, 마커까지 [차트 D] 2단 뜨기) 괄호 안 2번 반복
3단 (sm, 스틱 5코, sm, 마커까지 [차트 D] 3단 뜨기) 괄호 안 2번 반복
[차트 D] 25단까지 뜬다.

4 사이즈만

[차트 D] 1~25단을 뜬다.

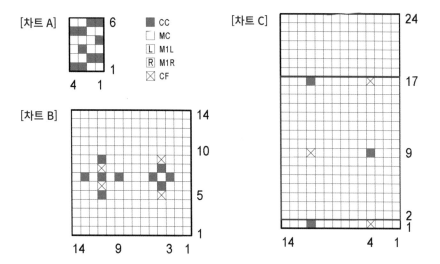

[차트 D]

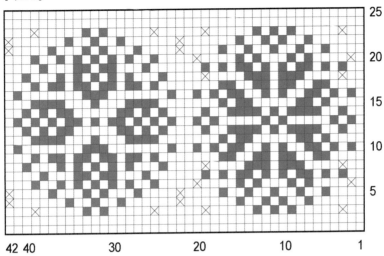

25

20

15

10

5

42 40   30   20   10   1

배색 6 [차트 A]

[차트 A] 1~6단을 뜬다.

배색 7 [차트 C]

[차트 C] 2~9단을 뜬다.

평면뜨기 시작하며 네크라인 만들기

*다음은 코 막음 없이 경사뜨기와 코 늘림을 이용해 네크라인을 만드는 방법이다. 이 방법을 사용하면 따로 코를 줍지 않고 칼라를 뜰 수 있어 깔끔한 네크라인을 완성할 수 있다.

1단(겉면, MC) sm, 스틱코 5코, sm, 겉49(60)70(80), RLI(코 늘린 후 늘림에 사용된 다음 코는 뜨지 않는다), 편물 돌리기[1코 늘림]

2단(안면, MC) 왼쪽 바늘에 있는 방금 늘린 코를 안, pm, (마커까지 안, sm, 스틱코 5코, sm) 괄호 안을 2번 뜨기, 안49(60)70(80), RLIP(코 늘린 후 늘림에 사용된 다음 코는 뜨지 않는다), 편물 돌리기[1코 늘림]

3단(겉면, MC) 왼쪽 바늘에 있는 방금 늘린 코를 겉, pm, (마커까지 겉, sm, 스틱코 5코, sm) 괄호 안을 2번 뜨기, 마커 6코 전까지 겉, RLI, 편물 돌리기[1코 늘림]

4단(안면, MC) 왼쪽 바늘에 있는 방금 늘린 코를 안, pm, (마커까지 안, sm, 스틱코 5코, sm) 괄호 안을 2번 뜨기, 마커 6코 전까지 안, RLIP, 편물 돌리기[1코 늘림]

5단(겉면, MC) 왼쪽 바늘에 있는 방금 늘린 코를 겉, pm, (마커까지 겉, sm, 스틱코 5코, sm) 괄호 안을 2번 뜨기, 마커 4코 전까지 겉, RLI, 편물 돌리기[1코 늘림]

6단(안면, MC) 왼쪽 바늘에 있는 방금 늘린 코를 안, pm, (마커까지 안, sm, 스틱코 5코, sm) 괄호 안을 2번 뜨기, 마커 4코 전까지 안, RLIP, 편물 돌리기[1코 늘림]

7~8단 5~6단 반복

배색 **9단(겉면, MC & CC)** 왼쪽 바늘에 있는 방금 늘린 코를 겉, pm, [마커까지 [차트 C] 17단을 참고하여 같은 위치에 겉1(CC), 겉13(MC)을 반복해 배색뜨기, sm, 스틱코 5코, sm] 괄호 안을 2번 뜨기, 마커 2코 전까지 배색뜨기, RLI, 편물 돌리기[1코 늘림]

10단(안면, MC) 왼쪽 바늘에 있는 방금 늘린 코를 안, pm, (마커까지 안, sm, 스틱코 5코, sm) 괄호 안을 2번 뜨기, 마커 2코 전까지 안, RLIP, 편물 돌리기[1코 늘림]

11단(겉면, MC) 왼쪽 바늘에 있는 방금 늘린 코를 겉, pm, (마커까지 겉, sm, 스틱코 5코, sm) 괄호 안을 2번 뜨기, 마커 1코 전까지 겉, RLI, 편물 돌리기[1코 늘림]

12단(안면, MC) 왼쪽 바늘에 있는 방금 늘린 코를 안, pm, (마커까지 안, sm, 스틱코 5코, sm) 괄호 안을 2번 뜨기, 마커 1코 전까지 안, RLIP, 편물 돌리기[1코 늘림]

13단(겉면, MC) 왼쪽 바늘에 있는 방금 늘린 코를 겉, pm, 마커까지 겉, rm, 다음 마커를 제거하며 스틱 5코 덮어씌워 코 막음, 마커까지 겉, 편물 돌리기

뒤판

1단(안면) 마지막 10코 전까지 안, 편물 돌리기

2단(겉면) 더블 스티치, 마지막 10코 전까지 겉, 편물 돌리기

*더블 스티치 영상 가이드 참고

3단(안면) 더블 스티치, 더블 스티치 10코 전까지 안, 편물 돌리기

4단(겉면) 더블 스티치, 더블 스티치 10코 전까지 겉, 편물 돌리기

1(2)3 사이즈만

5~6단 3~4단 반복

7단(안면) 더블 스티치, (더블 스티치까지 안, 안 더블 스티치) 괄호 안 3번 반복, 마지막 코까지 안

8단(겉면) 뒤판 모든 코 빡빡하지 않게 덮어씌워 코 막음(중간에 더블 스티치는 겉 더블 스티치)

4 사이즈만

5~10단 3~4단 3번 반복

11단(안면) 더블 스티치, (더블 스티치까지 안, 안 더블 스티치) 괄호 안 5번 반복, 마지막 코까지 안

12단(겉면) 뒤판 모든 코 빡빡하지 않게 덮어씌워 코 막음(중간에 더블 스티치는 겉 더블 스티치)

왼쪽 앞판

1단(겉면) rm, 다음 마커 제거하며 스틱 5코 덮어씌워 코 막음, 마커까지 겉, rm, RLI, 편물 돌리기[1코 늘림]

2단(안면) 왼쪽 바늘에 있는 방금 늘린 코를 안, pm, 마지막 10코 전 까지 안, 편물 돌리기

3단(겉면) 더블 스티치, 마커까지 겉, rm, RLI, 편물 돌리기[1코 늘림]

4단(안면) 왼쪽 바늘에 있는 방금 늘린 코를 안, pm, 더블 스티치 10코 전 까지 안, 편물 돌리기

5단(겉면) 더블 스티치, 마커까지 겉, rm, RLI, 편물 돌리기[1코 늘림]

6단(안면) 왼쪽 바늘에 있는 방금 늘린 코를 안, pm, 더블 스티치 10코 전 까지 안, 편물 돌리기

7단(겉면) 더블 스티치, 마커까지 겉, rm, RLI, 편물 돌리기[1코 늘림]

1(2)3 사이즈만

8단(안면) 왼쪽 바늘에 있는 방금 늘린 코를 안, pm, (더블 스티치까지 안, 안 더블 스티치) 괄호 안 3번 반복, 끝까지 안

4 사이즈만

8~11단 4~7단 반복

12단(안면) 왼쪽 바늘에 있는 방금 늘린 코를 안, pm, (더블 스티치까지 안, 안 더블 스티치) 괄호 안 5번 반복, 끝까지 안

모든 사이즈

겉면 마커 전까지 모든 코 덮어씌워 코 막음하고 실을 자른다. 네크라인에 있는 코들은 그대로 자투리 실이나 여분의 케이블에 옮겨 두고 오른쪽 앞판 작업을 시작한다.

오른쪽 앞판

1단(안면) 마커까지 안, rm, RLIP, 편물 돌리기[1코 늘림]
2단(겉면) 왼쪽 바늘에 있는 방금 늘린 코를 겉, pm, 마지막 10코 전까지 겉, 편물 돌리기
3단(안면) 더블 스티치, 마커까지 안, rm, RLIP, 편물 돌리기[1코 늘림]
4단(겉면) 왼쪽 바늘에 있는 방금 늘린 코를 겉, pm, 더블 스티치 10코 전까지 겉, 편물 돌리기
5단(안면) 더블 스티치, 마커까지 안, rm, RLIP, 편물 돌리기[1코 늘림]
6단(겉면) 왼쪽 바늘에 있는 방금 늘린 코를 겉, pm, 더블 스티치 10코 전까지 겉, 편물 돌리기

1(2)3 사이즈만

7단(안면) 더블 스티치, 마커까지 안, rm, RLIP, 편물 돌리기[1코 늘림]

4 사이즈만

7~10단 3~6단 반복

11단(안면) 더블 스티치, 마커까지 안, rm, RLIP, 편물 돌리기[1코 늘림]

모든 사이즈

모든 코를 덮어씌워 코 막음하고(중간에 더블 스티치는 겉 더블 스티치) 오른쪽 바늘에 있는 네크라인 코들은 자투리 실이나 여분의 케이블에 옮기고 실을 자른다.

암홀 스틱코 자르기

암홀 두 군데에 있는 스틱코 가운데를 기준으로 편물을 자른다. *영상 가이드 참고

어깨선 잇기

돗바늘을 이용하여 양쪽 어깨를 이어준다. *영상 가이드 참고

칼라

4mm 대바늘 사용한다. 앞판 네크라인의 마커를 모두 제거한다. 편물을 마주 보고, 왼쪽 네크라인 코들을(입었을 땐 오른쪽) 바늘에 옮긴다(홀수일 경우 1코 더 많게). 어깨 이음선 쪽에서 2코를 줍고, 뒷목에서 1코당 1코를 줍는다. 그리고 어깨 이음선 쪽에서 2코를 더 줍고 실을 자른다. 나머지 네크라인 코를 바늘에 옮긴다. 오른쪽 바늘에 코 2개를 왼쪽 바늘로 옮긴다. 오른쪽 바늘로 왼쪽 바늘에 걸려 있는 코 뒤편을 보고 RLI하듯 아랫단의 코를 주워 1코씩 총 5코를 만든다(슈톨렌 스웨터 칼라 코 줍기 영상 가이드 참고). 5코의 시작 지점이 겹쳐 있고 전체 콧수는 홀수다.
편물을 돌리고 평면뜨기를 시작한다.

칼라의 겉면(편물 안면) 실을 뒤로 두고 겉1, (안1, 겉1) 괄호 안을 반복해 1코 고무단 뜨기. 이 단에서만 앞판 네크라인에 있던 코들은 겉뜨기 차례엔 겉뜨기 대신 겉 꼬아뜨기 (코 늘어짐 방지)
칼라의 안면(편물 겉면) 안1, (겉1, 안1) 괄호 안을 반복해 1코 고무단 뜨기
1코 고무단 총 12단(앞 2단 포함) 뜬다.

1단(겉면) SSK, 마지막 2코 전까지 1코 고무단 뜨기, K2tog
2단(안면) 안1, 마지막 1코 전까지 1코 고무단 뜨기, 안1
3단(겉면) 겉1, 마지막 1코 전까지 1코 고무단 뜨기, 겉1
4단(안면) 안1, 마지막 1코 전까지 1코 고무단 뜨기, 안1
5~8단 1~4단 반복
9~18단 1~2단 5번 반복

19단(겉면) SSK, 마지막 2코 전까지 1코 고무단 뜨기, K2tog
20단(안면) P2tog, 마지막 2코 전까지 1코 고무단 뜨기, P2tog tbl
21~34단 19~20단 7번 반복

35단(겉면) SSSK, 마지막 3코 전까지 1코 고무단 뜨기, K3tog
36단(안면) P3tog, 마지막 3코 전까지 1코 고무단 뜨기, P3tog tbl
37~38단 35~36단 반복

마무리 4번째 코가 겉뜨기 코일 때
겉면 SSSK, (겉1, 덮어씌워 코 막음, K2tog, 덮어씌워 코 막음, 안1, 덮어씌워 코 막음) 괄호 안을 마지막 3코 전까지 반복, K3tog, 덮어씌워 코 막음하고 실을 자른다

마무리4번째 코가 안뜨기 코일 때
겉면 SSSK, (안1, 덮어씌워 코 막기, 겉1, 덮어씌워 코 막음, K2tog, 덮어씌워 코 막음) 괄호 안을 마지막 3코 전까지 반복, K3tog, 덮어씌워 코 막음하고 실을 자른다

소매

MC실과 4mm 대바늘로 60(60)60(80)코를 빡빡하지 않게 만든다.
마커를 걸고 원형뜨기를 시작한다.

고무단 sm, (겉1, 안1) 괄호 안을 반복해 마커까지 뜬다.
고무단을 8cm가 되도록 뜬다.

4.5mm로 대바늘로 바꿔 [소매 차트 A(A)A(B)]를 1단부터 마지막 단까지 뜬다(S,M,L 중 원하는 길이 선택).
덮어씌워 코 막음 한다.

몸통에 소매 잇기

양쪽 소매를 돗바늘을 이용해 몸통 암홀에 이어준다. 몸통 6단마다 소매 5코를 이어준다. 잇기 전에 편물을 세탁 또는 스팀을 주면 작업이 편하다. *영상 가이드 참고

마무리

실을 정리하고 세탁한다.

영상 가이드

독일식
코 만들기

더블 스티치
(독일실 경사뜨기)

스틱코
자르기

어깨선
잇기

몸통에
소매 잇기

배색뜨기 중
늘어진 코 잡기

슈톨렌 스웨터
칼라 코 줍기

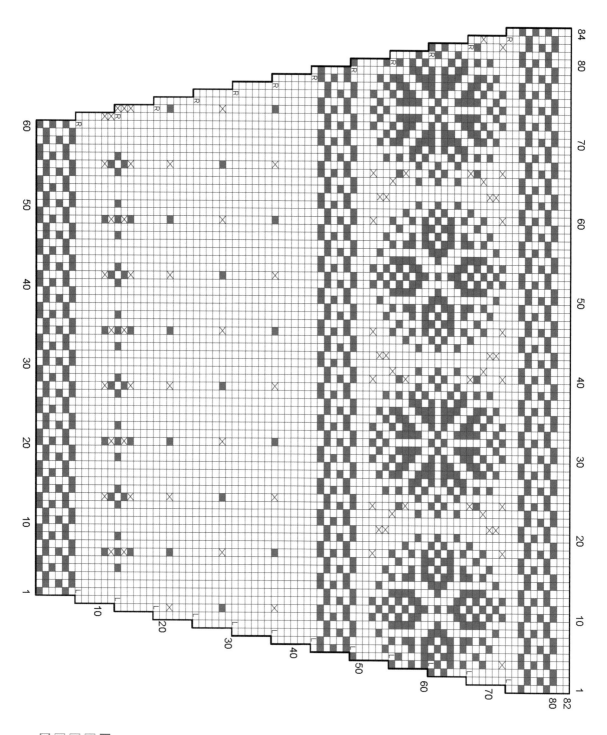

[소매 차트 A]
기장 1S 38cm

CC
MC
L M1L
R M1R
CF

[소매 차트 A]
기장 1M 41cm

CC
MC
M1L
M1R
CF
L R ⊠

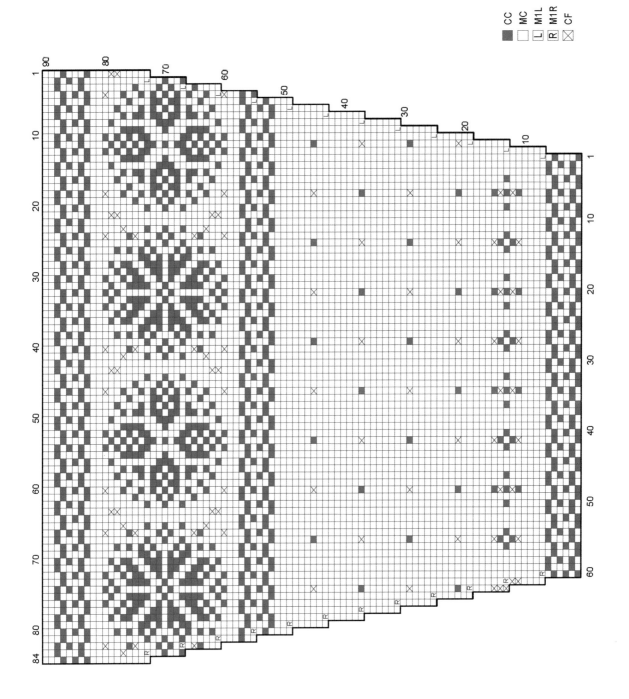

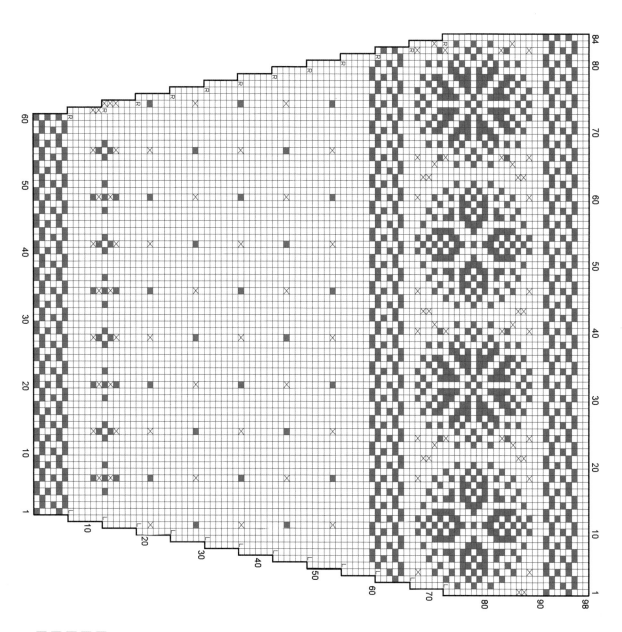

CC
MC
L M1L
R M1R
CF

[소매 차트 A]
기장 1L 44cm

[소매 차트 B] 기장 2S 38cm

CC
MC
M1L
M1R
CF

[소매 차트 B] 기장 2M 41cm

- ■ CC
- □ MC
- L M1L
- R M1R
- ☒ CF

186

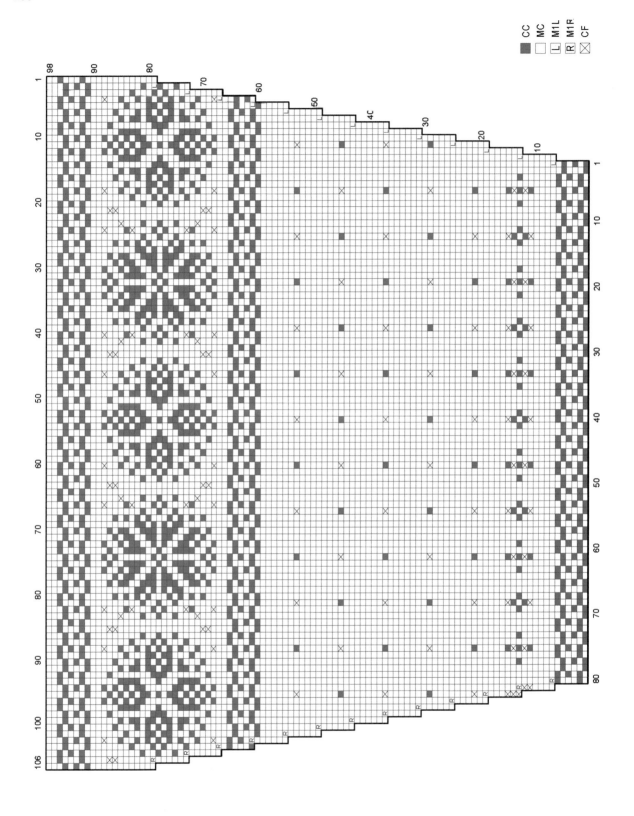

[소매 차트 B]
기장 2L 44cm

CC MC M1L M1R CF
L R ×

Christstollen Sweater

Amanda Sweater

How to Knit

뜨개를 위한 기초

뜨개질 기본 도구

1. 대바늘
대바늘은 두 개의 긴 막대기 모양으로 되어 있습니다. 의류를 뜰 때는 일반적으로 두 바늘이 줄(케이블)로 연결된 줄바늘을 사용하며, 작품과 실의 종류에 따라 다양한 두께의 바늘을 선택해야 합니다. 바늘과 줄이 일체형인 경우도 있지만 길이가 다른 케이블에 다양한 사이즈의 바늘을 교체할 수 있는 교체형 바늘도 있습니다.
재킷이나 카디건 같은 니트를 뜰 때는 평면뜨기를 하므로, 길이가 80cm 또는 100cm 정도인 케이블을 사용해 네크라인부터 몸통까지 뜰 수 있습니다. 반면, 스웨터는 원형뜨기를 해야 하기 때문에 네크라인과 몸통의 넓이에 따라 케이블의 길이를 조절해야 합니다. 또한, 소매를 뜰 때는 작은 원형뜨기를 해야 하므로, 짧은 길이의 케이블(숏팁)을 사용하는 경우가 많습니다. 이런 경우 교체형 바늘이 매우 유용합니다. 케이블 길이를 쉽게 조절할 수 있을 뿐만 아니라 소매 분리 작업이나 코를 잠시 쉬어둘 때 케이블에서 바늘을 분리하고 마개를 꽂아 보관하기에도 편리합니다.

2. 장갑바늘
양쪽 끝이 뾰족한 바늘로, 좁은 소매처럼 작은 원형뜨기를 할 때 유용합니다.

3. 꽈배기바늘
꽈배기 무늬를 뜰 때 사용하는 바늘입니다.

4. 돗바늘
두 개의 편물을 연결하거나 뜨개질이 끝난 후 실 끝을 숨길 때 사용합니다.

5. 코바늘
떨어진 코를 줍거나 틀린 부분을 풀어 수정할 때 사용합니다.

6. 줄자
편물의 크기 또는 게이지 확인을 위해 사용합니다.

7. 마커
코의 위치를 구분하거나 단수를 체크할 때 사용합니다.

8. 가위
실을 자르거나 편물을 자를 때 사용합니다.

9. 단추와 일반 바늘
단추가 필요한 작품에 사용되며, 이를 부착하기 위해 일반 바늘과 실도 필요합니다.

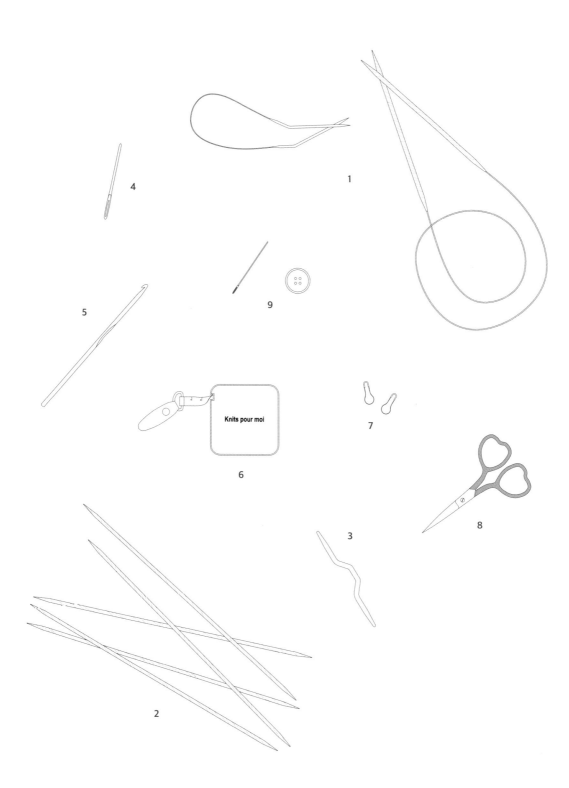

게이지와 사이즈 선택

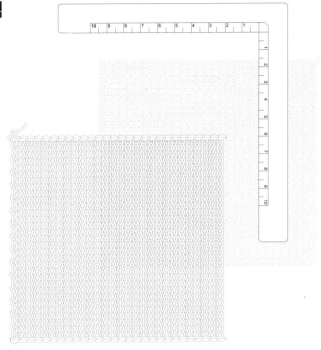

게이지는 일정한 면적 안에 들어가는 코와 단수를 의미합니다. 각 도안마다 10×10cm 기준의 가로 세로 게이지가 제시되어 있으므로, 뜨개질을 시작하기 전에 반드시 게이지가 맞는지 확인합니다. 편물은 10×10cm보다 커야 하며, 꼭 세탁 또는 스팀을 준 후 확인해서 실이 세탁 후 변화가 있는지 확인합니다.

사람마다 뜨개질할 때 손의 긴장도가 다르기 때문에 같은 실과 바늘을 사용하더라도 게이지에 차이가 생길 수 있습니다. 또한 바늘의 재질이나 실의 종류도 게이지에 영향을 미칩니다. 초보자의 경우 뜨개질 방법이 아직 일정하지 않아 같은 작품 내에서도 게이지가 일정하지 않을 수 있습니다. 이는 경험을 통해 실의 장력을 조절하는 법을 익히면 개선될 수 있습니다.

게이지가 맞지 않을 경우 완성 작품의 크기가 너무 크거나 작을 수 있으니 도안에 제시된 크기의 작품을 완성하기 위해 게이지를 맞추는 것이 중요합니다. 게이지가 맞지 않으면 바늘이나 실의 굵기를 조절하여 맞추거나 원하는 사이즈에 맞게 조절해야 합니다.

예시

도안의 게이지가 10cm에 24코인데 실제로 22코가 나온다면 가슴둘레 기준 238코는 99cm가 아닌 108cm로 예상됩니다 (238÷24=약 108cm). 이런 경우, 218코(22×9.9=약 218코)와 비슷한 사이즈를 선택합니다. 또는 더 얇은 실이나 바늘로 바꾸어 봅니다.

의류를 뜰 때는 게이지가 특히 중요합니다. 모델이 입은 옷과 같은 착용감을 원한다면 모델의 가슴둘레(76cm)와 룩북에 적혀 있는 착용 사이즈를 참고하여 선택합니다. 또는 자주 입는 옷의 가슴둘레를 확인하여 사이즈를 선택하는 것도 좋습니다.

도안 읽기

모든 뜨개질 도안은 서술형으로 작성되어 있으며, 필요에 따라 차트도 포함될 수 있습니다. 도안에 적힌 순서대로 차근차근 진행하면 됩니다. 다양한 약어와 기호가 사용되니, 각 약어와 기호의 뜻을 확인하면서 뜨개질을 합니다.

1. 서술형 도안 읽는 법
서술형 도안은 순서대로 설명을 따라 읽어주면 됩니다. 예를 들어 '(겉1, 안1) 괄호 안을 마커까지 반복'이라고 적혀 있다면 첫 번째 코는 겉뜨기, 두 번째 코는 안뜨기하며, 이 패턴을 마커가 있는 지점까지 반복합니다.

사이즈가 여러 개일 경우 각 사이즈에 맞는 표시가 있습니다. 1(2)3 사이즈가 있는 경우 도안에 '겉10(11)12'라고 적혀 있다면 각 사이즈에 맞는 콧수를 따라 뜨시면 됩니다. 예를 들어 '4mm 대바늘을 이용해 210(252)294(335코)를 만든다'라고 적혀 있다면 1사이즈는 210코, 2사이즈는 252코, 3사이즈는 294코, 4사이즈는 335코를 만들면 됩니다.

'무늬에 맞춰 뜬다'라는 말은 뜨고 있는 면에서 그 전단에 안뜨기를 떴다면 안뜨기를, 겉뜨기를 떴다면 겉뜨기를 떠서 무늬를 유지하는 것, 또는 일정하게 반복되는 무늬를 유지하는 것을 말합니다.

2. 차트 도안 읽는 법
차트 도안은 편물을 겉면에서 보이는 모습을 기준으로 시각적으로 표현한 것입니다. 가로 방향은 콧수, 세로 방향은 단수를, 각 기호와 색상은 뜨개질 기법과 실의 색상을 나타냅니다.
홀수 단(겉면)을 뜰 때는 차트를 오른쪽에서 왼쪽으로 읽고, 짝수 단(안면)에서 뜰 때는 차트를 왼쪽에서 오른쪽으로 읽습니다. knits pour moi『나를 위한 뜨개』에서는 차트 도안의 짝수 단을 안면으로 진행할 때는 기호 안면의 뜻을 확인하고 뜹니다.

손뜨개 약어

약어	우리말 풀이
겉	겉뜨기
안	안뜨기
M	원하는 방법으로 1코 늘리기
M1R	오른쪽 1코 늘리기
M1L	왼쪽 1 코 늘리기
M1RP	오른쪽 1코 안뜨기로 늘리기
M1LP	왼쪽 1코 안뜨기로 늘리기
RLI	오른쪽 1코 끌어올려 늘리기
RLIP	오른쪽 1코 끌어올려 안뜨기로 늘리기
LLI	왼쪽 1코 끌어올려 늘리기
LLIP	왼쪽 1코 끌어올려 안뜨기로 늘리기
M1K	두 코 사이 가로 선을 끌어 올려 겉뜨기
M1P	두 코 사이 가로 선을 끌어 올려 안뜨기
K1tbl	겉 꼬아뜨기
P1tbl	안 꼬아뜨기
K2(3)tog	2(3)코를 한 번에 겉뜨기
P2(3)tog	2(3)코를 한 번에 안뜨기
K2(3)tog tbl	2(3)코를 한 번에 꼬아 겉뜨기
P2(3)tog tbl	2(3)코를 한 번에 꼬아 안뜨기
YO	바늘 비우기

SS(S)K	걸러뜨기, 걸러뜨기, (걸러뜨기), 걸러뜨기한 코 한 번에 겉뜨기
SS(S)P	걸러뜨기, 걸러뜨기, (걸러뜨기), 걸러뜨기한 코 한 번에 안뜨기
MC	바탕색
CC	무늬색
CF	늘어지는 코 잡아주기
(m)m	(메인) 마커
s(m)m	(메인) 마커 오른쪽 바늘로 옮기기
r(m)m	(메인) 마커 제거하기
p(m)m	(메인) 마커 두기
Sl1(2)wyf	실을 앞에 두고 1(2)코를 걸러뜨기
Sl1(2)wyb	실을 뒤에 두고 1(2)코를 걸러뜨기
2/2 RC	2/2코 오른쪽 꽈배기
2/2 RCP	2/2코 오른쪽 안뜨기 꽈배기
2/2 LC	2/2코 왼쪽 꽈배기
2/1 RC	2/1코 오른쪽 꽈배기
2/1 RCP	2/1코 오른쪽 겉뜨기2, 안뜨기1 꽈배기
2/1 LC	2/1코 왼쪽 꽈배기
2/1 LCP	2/1코 왼쪽, 겉뜨기2, 안뜨기1 꽈배기
1/1 LCTP	1/1코 왼쪽, 겉 꼬아뜨기1, 안뜨기1 꽈배기
1/1 RCTP	1/1코 오른쪽, 겉 꼬아뜨기1, 안뜨기1 꽈배기
메리야스 무늬	겉면에서는 겉뜨기, 안면에서는 안뜨기

뜨개 기법

1. 겉뜨기

 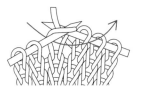 

① 실을 편물 뒤에 두고 첫 번째 코에 오른쪽 바늘을 화살표 방향으로 찔러 넣는다.

② 오른쪽 바늘에 실을 시계 반대 방향으로 감아 오른쪽 바늘을 빼낸다.

2. 안뜨기

 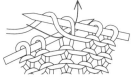 

① 실을 편물 앞에 두고 첫 번째 코에 오른쪽 바늘을 화살표 방향으로 찔러 넣는다.

② 오른쪽 바늘에 실을 시계 반대 방향으로 감아 오른쪽 바늘을 빼낸다.

3. K1tbl

① 실을 편물 뒤에 두고 첫 번째 코에 오른쪽 바늘을 화살표 방향으로 찔러 넣는다.

② 오른쪽 바늘에 실을 시계 반대 방향으로 감아 오른쪽 바늘을 빼낸다.

4. P1tbl

① 실을 편물 앞에 두고 첫
번째 코에 오른쪽 바늘을
화살표 방향으로 찔러 넣
는다.

② 오른쪽 바늘에 실을 시
계 반대 방향으로 감아 오
른쪽 바늘을 빼낸다.

5. K2(3)tog

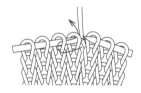  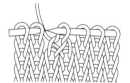

① 실을 편물 뒤에 두고
오른쪽 바늘을 2(또는 3)
코를 한 번에 화살표 방향
으로 찔러 넣는다.

② 그 코들을 함께 실을 감
아 오른쪽 바늘을 빼낸다.

6. K2(3)tog tbl

① 실을 편물 뒤에 두고
오른쪽 바늘을 2(또는 3)코
를 화살표 방향으로 찔러
넣는다.

② 그 코들을 한 번에 실
을 감아 오른쪽 바늘을 빼
낸다.

7. P2(3)tog

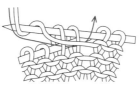

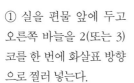

① 실을 편물 앞에 두고 오른쪽 바늘을 2(또는 3)코를 한 번에 화살표 방향으로 찔러 넣는다.

② 그 코들을 함께 실을 감아 오른쪽 바늘을 빼낸다.

8. SS(S)K

① 실을 편물 뒤에 두고 오른쪽 바늘을 2(또는 3)코를 화살표 방향으로 차례로 찔러 넣어 옮긴다.

② 왼쪽 바늘을 화살표 방향으로 다시 그 2(또는 3)코를 찔러 넣는다.

③ 그 코들을 한 번에 실을 감아 오른쪽 바늘을 빼낸다.

9. SS(S)P

① 실을 편물 앞에 두고 오른쪽 바늘을 2(또는 3)코를 화살표 방향으로 차례로 찔러 넣어 옮긴다.

② 그 2(또는 3)코를 다시 왼쪽 바늘로 옮긴다.

③ 그 코들을 한번에 P2tbl 한다.

10. YO

① 오른쪽 바늘의 실을 안
쪽에서 바깥쪽으로 감는
다(YO 완료).

② 다음 코를 뜬다.

11. Sl1wyf

① 실을 편물 앞에 두고 1코
를 오른쪽 바늘로 옮긴다.

12. Sl1wyb

① 실을 편물 뒤에 두고 1코
를 오른쪽 바늘로 옮긴다.

13. M1R

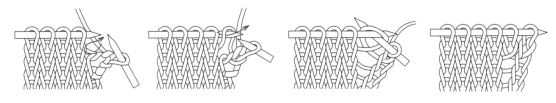

① 왼쪽 바늘로 코와 코 사
이의 실을 뒤에서 앞으로
걸어둔다.

② 그 코를 겉뜨기 한다.

14. M1RP(편물 반대편에서 봤을 때 M1L 모양)

① 실을 편물 앞에 두고 왼
쪽 바늘을 화살표 방향으
로 감는다.

② 그 코를 P1tbl한다.

15. M1L

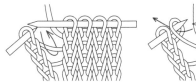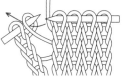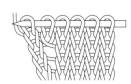

① 왼쪽 바늘로 코와 코 사
이의 실을 앞에서 뒤로 걸어
둔다.

② 그 코를 K1tbl 한다.

16. M1LP(편물 반대편에서 봤을 때 M1R 모양)

① 실을 편물 앞에 두고 왼쪽 바늘을 화살표 방향으로 감는다.

②그 코를 안뜨기 한다.

17. RLI

① 첫 번째 코 바로 아랫단 코에 오른쪽 바늘을 화살표 방향으로 찔러 넣는다.

②그 코를 겉뜨기 한다(RLI 완료).

③이어서 다음 코를 뜬다.

18. RLIP

① 실을 편물 앞에 두고 오른쪽 바늘을 왼쪽 바늘에 있는 첫 번째 코의 아랫단 코를 화살표 방향으로 들어 올린다.

②그 코를 안뜨기 한다(RLIP 완료).

③이어서 다음 코를 뜬다.

19. LLI

① 오른쪽 바늘 마지막 코 두 번째 아랫단 코에 왼쪽 바늘을 화살표 방향으로 찔러 넣는다.

② 그 코를 겉뜨기 한다(RLI 완료).

③ 이어서 다음 코를 뜬다.

20. 1/1 RCTP

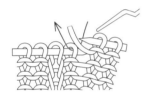  

① 1코를 꽈배기바늘에 옮기고 편물 뒤에 둔다.

② 다음 1코를 K1tbl 한다.

③ 꽈배기바늘에 옮겨 뒀던 1코를 안뜨기 한다.

21. 1/1 LCTP

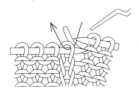   

① 1코를 꽈배기바늘에 옮기고 편물 앞에 둔다.

② 다음 1코를 안뜨기 한다.

③ 꽈배기바늘에 옮겨 뒀던 1코를 K1tbl 한다.

22. 2/1 RC

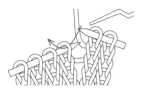   

① 1코를 꽈배기바늘에 옮기고 편물 뒤에 둔다.
② 다음 2코를 각자 겉뜨기 한다.
③ 꽈배기바늘에 옮겨 뒀던 1코를 겉뜨기 한다.

23. 2/1 RCP

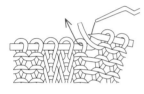   

① 1코를 꽈배기바늘에 옮기고 편물 뒤에 둔다.
② 다음 2코를 각자 겉뜨기 한다.
③ 꽈배기바늘에 옮겨 뒀던 1코를 안뜨기 한다.

24. 2/1 LC

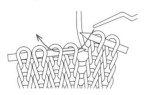   

① 2코를 꽈배기바늘에 옮기고 편물 앞에 둔다.
②다음 1코를 겉뜨기 한다.
③ 꽈배기바늘에 옮겨 뒀던 2코를 각자 겉뜨기 한다.

25. 2/1 LCP

① 2코를 꽈배기바늘에 옮기고 편물 앞에 두고 다음 1코를 안뜨기 한다.

② 꽈배기바늘에 옮겨 됐던 2코를 각자 겉뜨기 한다.

26. 2/2 RC

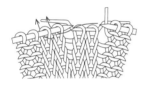  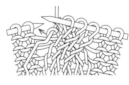 

① 2코를 꽈배기바늘에 옮기고 편물 뒤에 둔다.

② 다음 2코를 각자 겉뜨기 한다.

③ 꽈배기바늘에 옮겨 됐던 2코를 각자 겉뜨기 한다.

27. 2/2 LC

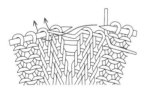 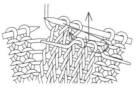 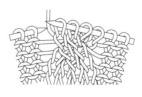

① 2코를 꽈배기바늘에 옮기고 편물 앞에 두고 다음 2코를 각자 겉뜨기 2 한다.

② 꽈배기바늘에 옮겨 됐던 2코를 각자 겉뜨기 한다.

28. 감아코

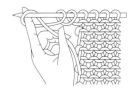

① 왼손 엄지나 검지에 그림처럼 실을 감아 오른쪽 바늘에 코를 만든다.

29. 덮어씌워 코 막음

 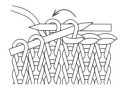 

① 오른쪽 바늘에 있는 2번째 마지막 코에 왼쪽 바늘을 찔러 넣는다.

② 왼쪽에 있는 마지막 코에 덮어씌운다. 1코가 줄어든다. 다음 코를 겉뜨기 한다.

③ 마지막 코까지 ①~②번 과정을 반복한다.

영상으로 보는 뜨개 기법

기본
코 만들기

독일식
코 만들기

아이슬란드식
코 막음

루크
코 막음

아이코드
코 막음

배색뜨기 중
늘어진 코 잡기

배색 편물
자르기

몸통에
소매 잇기

어깨선 잇기

더블 니팅
버튼 밴드

더블 니팅
단춧구멍

더블 스티치
(독일식 경사뜨기)

M1K, M1P

랩 스티치

코 줍기

슈톨렌 스웨터
칼라 코 줍기

Christstollen Sweater

**Collect
31**

knits pour moi
나를 위한 뜨개

1판 1쇄 발행 2024년 10월 28일
1판 4쇄 발행 2025년 2월 10일

글 김수민
그림 이건국
발행인 김태웅
기획편집 정보영, 김유진
디자인 정윤경
아트 디렉터 김여진
포토그래퍼 안성진(오브무드스튜디오)
스타일리스트 김혜진, 김효빈
헤어&메이크업 류승옥
모델 Sunny
마케팅 총괄 김철영
마케팅 서재욱, 오승수
온라인 마케팅 양희지
인터넷 관리 김상규
제작 현대순
총무 윤선미, 안서현, 지이슬
관리 김훈회, 이국회, 김승훈, 최국호

발행처 ㈜동양북스
등록 제2014-000055호
주소 서울시 마포구 동교로22길 14(04030)
구입 문의 전화 (02)337-1737 팩스 (02)334-6624
내용 문의 전화 (02)337-1734 이메일 dymg98@naver.com

ISBN 979-11-7210-077-3 13630